AOS PÉS DO MESTRE

J. KRISHNAMURTI
(Alcione)

AOS PÉS DO MESTRE

Seguido de
DESPERTAI, FILHOS DA LUZ!
e
O QUE DEVEMOS ENSINAR
(de C. Jinarajadasa)

Editora
Pensamento
SÃO PAULO

Copyright da edição brasileira © 1972 Editora Pensamento-Cultrix Ltda.

22ª edição 2006 – 9ª reimpressão 2023.

Todos os direitos reservados. Nenhuma parte deste livro pode ser reproduzida ou usada de qualquer forma ou por qualquer meio, eletrônico ou mecânico, inclusive fotocópias, gravações ou sistema de armazenamento em banco de dados, sem permissão por escrito, exceto nos casos de trechos curtos citados em resenhas críticas ou artigos de revistas.

Dados Internacionais de Catalogação na Publicação (CIP)
(Câmara Brasileira do Livro, SP, Brasil)

Krishnamurti, J., 1895-1986.
 Aos pés do mestre ; seguido de Despertai, filhos da luz! / J. Krishnamurti (Alcione) e O que devemos ensinar / de C. Jinarajadasa. -- 22. ed. -- São Paulo : Pensamento, 2006.

 Título original : At the feet of the master and towards discipleship.
 ISBN 978-85-315-0507-2

 1. Espiritualidade 2. Filosofia oriental 3. Teosofia I. Jinarajadasa, C., II Título. III. Título: Despertai, filhos da luz! IV. Título: O que devemos ensinar.

06-3709   CDD-299.934

Índices para catálogo sistemático:
1. Teosofia 299.934

Direitos reservados
EDITORA PENSAMENTO-CULTRIX LTDA.
Rua Dr. Mário Vicente, 368 – 04270-000 – São Paulo, SP
Fone: (11) 2066-9000
E-mail: atendimento@editorapensamento.com.br
http://www.editorapensamento.com.br
Foi feito o depósito legal.

ÍNDICE

Prefácio da Editora 7
Aos Pés do Mestre 9
Prólogo de Annie Besant 11
Prefácio 13
Discernimento 14
Ausência de Desejos 20
Boa Conduta 23
    Domínio da mente 24
    Domínio da ação 26
    Tolerância 27
    Contentamento 28
    Perseverança 29
    Confiança 30
Amor 30
Como foi escrito o livrinho "Aos Pés do Mestre" 37
I — Despertai, Filhos da Luz! 41
Eu Sou 44
Os Grandes Protetores 45
O Senhor do Amor 46
O Cristo Interno 47
O Instrutor Que se Aproxima 48
Por Que Ele Vem 49
Preparando o Caminho do Senhor 50
Segui-o 51
II — Como Adquirir as Qualidades Necessárias 54
Discernimento 54
Nada de Obediência Cega 55
Fé 55
Amor: O Seu Poder 57
Amor: O Caminho Único 58
Amor em Ação 59
Doçura 60
Os Reinos Inferiores 61
Unidade 62
Do Eu Superior para o Eu Inferior 64
O Serviço 66

Dar	67
Nada Pedir em Troca	68
Nem Mesmo Gratidão	69
Serenidade	70
Harmonia	71
Paz	72
Justiça	73
Perdão	74
Crítica	75
Pensamentos	76
Pensamentos Inúteis	78
Domínio do Pensamento	79
Silêncio	80
A Verdade	82
Pureza	82
Saúde	83
Força	85
Governai os Vossos Corpos	86
Alegria	87
Felicidade	88
Contentamento	89
Não vos Lamenteis	91
Vontade	92
Trabalhai!	93
III - Avançando Sempre	97
Vivei a Vida	97
Ascendendo	98
Sede um Canal	100
O Mestre e o Discípulo	101
O Caminho	104
O Caminho para a Loja Branca	105
Ó Filhos da Luz!	107
O Que Devemos Ensinar, por C. Jinarajadasa	109
Introdução	110
Mensagem	111
I — O Amor Que é Força	113
1 — O Único que ama	113
2 — A descoberta	117
3 — O caminho rápido	121
4 — O amor que é força	124
II — A Beleza Que é Alegria	125
1 — A vereda da beleza	125
2 — A beleza que é alegria	129
III — A Ação Que é Vida	130
1 — Imanência e transcendência	130
2 — Sacrifício	133
3 — A ação que é vida	135

PREFÁCIO

A presente obra é antes um ramalhete constituído de três preciosas flores espirituais, que são os livrinhos Aos Pés do Mestre, *de Alcione (J. Krishnamurti),* Despertai, Filhos da Luz!, *de dois trabalhadores anônimos, e* O Que Devemos Ensinar, *de C. Jinarajadasa. São flores colhidas no jardim das meditações e realizações internas pelos jardineiros que as ofereceram às almas sedentas, e estamos certos de que serão de grande proveito e auxílio para outras almas que também procuram cultivar e enfeitar o jardim da sua vida.*

O primeiro livrinho condensa ensinamentos ministrados por um dos Mestres da Vida a um de Seus ardorosos discípulos; o segundo contém uma sugestiva e inspiradora mensagem do Eu superior *ao eu inferior de cada ser humano, ou de um Mestre a seu discípulo, e o terceiro é um canto místico à unidade, harmonia e sabedoria da Natureza, legítima expressão da Suprema Divindade. Estão, pois, talhados para ajudar a alma idealista a desprender-se dos entraves e visgos da existência material, para levá-la aos páramos da imaginação, da meditação e até do êxtase espiritual.*

"Não só de pão vive o homem, mas também da palavra de Deus", já o disse Cristo, o grande Mestre da Vida; ou, por outras palavras, não é só das mutáveis coisas materiais que nos alimentamos, mas, e principalmente, das permanentes coisas do espírito, donde nos provêm toda a força, inspiração e entusiasmo,

que nos habilitam a afrontar impavidamente os cruciantes e complexos problemas da nossa penosa existência.

Outro não é o escopo do livrinho que agora fazemos vir à luz. Esperamos que, qual estrela rutilante, ele brilhe intensamente dentro da escuridão projetada no mundo atual pelas descrenças, pessimismos, antagonismos, ódios e incompreensões, que estiolam e matam todas as esperanças, alegrias e aspirações pela vida superior. Oxalá possa a sua luz penetrar em todos os corações e iluminar todas as mentes!

A EDITORA

AOS PÉS DO MESTRE

★

por J. Krishnamurti (Alcione)

PRÓLOGO

Como mais idosa, foi-me dado o privilégio de escrever algumas palavras de introdução a este livrinho, o primeiro escrito por um irmão mais jovem — no corpo, mas não na alma. Os ensinamentos nele contidos foram-lhe dados por seu Mestre ao prepará-lo para a Iniciação, e foram por ele escritos de memória, lenta e laboriosamente, pois o seu inglês no ano anterior era muito menos fluente do que hoje. É, na maior parte, a reprodução das palavras do Mestre, e o que não é reprodução verbal é o pensamento do Mestre vestido com as palavras do discípulo. Duas frases omitidas foram restabelecidas pelo Mestre. Em dois outros casos, uma palavra esquecida foi adicionada.

Exceto isso, é inteiramente do próprio Alcione e a sua primeira dádiva ao mundo.

Que ela ajude tanto aos outros quanto a ele auxiliaram os ensinamentos orais, tal é a esperança com que no-la dá. Porém, os ensinamentos só podem dar frutos se nós os vivermos, como Alcione os tem *vivido* desde que saíram dos lábios do Mestre. Se o exemplo for seguido tanto quanto o preceito, então o grande Portal se abrirá para o leitor, como aconteceu ao escritor, e seus pés trilharão a Senda.

Annie Besant

AOS QUE BATEM...

Das trevas conduze-me à Luz
Do irreal conduze-me ao Real
Da morte conduze-me à Imortalidade

PREFÁCIO

Minhas não são estas palavras, e sim do Mestre que me instruiu. Sem Ele nada poderia ter feito, porém, com o Seu auxílio comecei a trilhar a Senda. Tu também desejas entrar na mesma Senda; por isso, as palavras que Ele me dirigiu te auxiliarão, se obedeceres a elas. Não basta dizer que são verdadeiras e belas; o homem que deseja obter êxito necessita fazer exatamente o que lhe é ensinado. Olhar para o alimento e dizer que é bom não satisfaz um faminto; é necessário que ele estenda a mão e o coma. Da mesma forma, não basta ouvir as palavras do Mestre; é preciso fazer o que Ele diz, atento à menor palavra, ao menor sinal, pois, se uma indicação não for seguida, se uma palavra for desprezada, perdidas ficarão para sempre, porque o Mestre não fala duas vezes.

◇ ◇ ◇

Quatro são as qualidades necessárias para a Senda:
◇ discernimento
◇ ausência de desejos (desapego, abnegação)
◇ boa conduta
◇ amor

Tentarei dizer-te o que o Mestre me ensinou sobre cada uma delas.

DISCERNIMENTO

A primeira dessas qualidades é o discernimento, vulgarmente tomado no sentido da distinção entre o real e o irreal, que conduz o homem para a Senda. É isso; mas é muito mais ainda e deve ser praticado — não somente no começo da Senda, porém a cada passo que nela diariamente se dá, até o fim. Entras para a Senda porque aprendeste que somente nela se podem encontrar as coisas dignas de aquisição. Os homens que não sabem trabalham para adquirir a riqueza e o poder, porém esses bens são, quando muito, para uma vida somente e, portanto, irreais. Há coisas maiores do que essas — coisas reais e duradouras; quando as tiveres visto uma vez, não mais desejarás as outras.

Em todo o mundo há somente duas espécies de pessoas — as que sabem e as que não sabem —, e o conhecimento é o que importa possuir. A religião de um homem e a raça a que pertence não são coisas de importância; o que é realmente importante é o conhecimento, o conhecimento do Plano de Deus para os homens. Pois Deus tem um plano e esse plano é a Evolução; quando o homem tiver visto esse plano e realmente o conhecer; não poderá deixar de cooperar nele, integrando-se nele, tal a sua glória e beleza. Assim, pelo fato de possuir o conhecimento, o homem está ao lado de Deus, firme no bem e resistente ao mal, trabalhando pela evolução sem fins pessoais.

Se está ao lado de Deus, é um dos nossos, não tendo a mínima importância se ele se diz hinduísta, budista, cristão ou maometano, ou se é hindu, inglês, chinês ou russo. Os que estão ao lado de Deus sabem por que aí se acham, sabem o que têm a fazer e tentam cumpri-lo; todos os demais não sabem ainda o que têm a fazer e, por isso, freqüentemente agem de modo insensato, imaginando caminhos para si próprios, os quais lhes parecem agradáveis, não compreendendo que todos são um e que, portanto, só aquilo que o *Uno* quer pode realmente ser agradável a todos. Seguem o irreal em vez do Real. E, enquanto não aprendem a distinguir entre ambos, não se colocam ao lado de Deus — e eis por que o discernimento é o primeiro passo a dar.

Todavia, mesmo depois de feita a escolha, deves lembrar-te de que no real e no irreal há muitas variantes, e o discernimento ainda deve ser exercido entre o bem e o mal, entre o importante e o não-importante, entre o útil e o inútil, entre o verdadeiro e o falso, entre o egoísta e o desinteressado.

Entre o bem e o mal não deveria ser difícil escolher, pois os que desejam seguir o Mestre já se decidiram a seguir o bem a todo o custo. Porém, o homem e o seu corpo são dois, e a vontade do homem nem sempre está de acordo com a do corpo. Quando o teu corpo desejar alguma coisa, pára e considera se *tu* realmente desejas isso. Pois *tu* és Deus e só queres o que Deus quer; necessitas, porém, penetrar fundo em ti mesmo, para encontrares Deus em teu interior e ouvires a Sua voz que é a *tua*. Não confundas os teus corpos contigo mesmo, nem o teu corpo físico, nem o astral, nem o mental. Cada um deles pretende ser o Ego, a fim de obter o que deseja. Precisas, porém, conhecê-los todos, e conhecer-te a ti mesmo como seu possuidor.

Quando há um trabalho a fazer, é quando o corpo físico quer descansar, passear, comer e beber; o homem que não sabe diz a si mesmo: "*Eu* quero fazer essas coisas e preciso fazê-las". Mas o homem que sabe diz: "Quem quer *não sou eu*; portanto espere um pouco". Freqüentemente, quando há oportunidade de auxiliar alguém, o corpo insinua: "Que aborrecimento me trará isso: deixemos que outro qualquer tome o meu lugar". Porém, o homem que sabe lhe replica: "Tu não me impedirás de praticar uma boa ação".

O corpo é teu animal, o cavalo que montas. Deves, portanto, tratá-lo bem, cuidar bem dele, não estafá-lo, alimentá-lo convenientemente — só com alimentos e bebidas puros — e mantê-lo sempre perfeitamente limpo, sem o menor vestígio de impureza. Pois, sem um corpo perfeitamente limpo e saudável, não podes efetuar a árdua tarefa de preparação, nem suportar os incessantes esforços no decorrer dela. Deves, porém, ser sempre tu quem o domine, e não ele o que te domine.

O corpo astral tem *seus* desejos — e os tem às dúzias; quererá ver-te encolerizado, ouvir-te dizer palavras ásperas, que sintas ciúmes, que sejas ávido por dinheiro, que invejes os bens alheios e cedas ao desânimo. Quererá todas essas coisas e muitas outras mais, não porque deseje prejudicar-te, mas porque lhe aprazem as vibrações violentas e gosta de mudá-las continuamente. *Tu*, porém, não desejas nenhuma dessas coisas; portanto, deves distinguir os teus desejos dos de teu corpo astral.

O teu corpo mental deseja manter-se orgulhosamente separado; quererá que penses muito em ti mesmo e pouco nos outros. Mesmo quando o tiveres desviado das coisas mundanas, tentará ainda especular acerca de ti próprio, fazer-te pensar no teu próprio progresso, em vez de pensares na obra do Mestre e em auxiliar os outros. Quando meditares, tentará fazer-te pensar nas diferentes coisas que ele quer, e não na única de que necessitas. Não és esse mental, mas dele dispões para o teu uso; assim, mesmo aqui, o discernimento é necessário. Deves vigiar incessantemente, sob pena de vires a falhar.

Entre o bem e o mal o Ocultismo não admite compromissos. Custe o que custar, deves fazer o bem e nunca o mal, diga ou pense o ignorante o que quiser. Estuda profundamente as leis ocultas da natureza e organiza a tua vida de acordo com elas, utilizando sempre a razão e o bom senso.

Deves discernir entre o que é importante e o que não é. Firme como uma rocha em tudo que concerne ao bem e ao mal, cede invariavelmente aos outros nas coisas de somenos importância. Pois deves ser sempre amável e bondoso, razoável e condescendente, deixando aos outros a mesma plena liberdade que para ti necessitas.

Procura verificar o que vale a pena ser feito e lembra-te de que as coisas não devem ser julgadas pela sua grandeza aparente. Uma pequena coisa de utilidade imediata à obra do Mestre merece muito mais ser feita do que uma grande coisa que o mundo considere boa. Precisas distinguir não somente o útil do inútil, mas ainda o mais útil do menos útil. Alimentar os pobres é uma boa obra, nobre e válida; porém, alimentar-lhes as almas é ainda mais nobre e mais válido.

Por muito sábio que já sejas, muito terás ainda que aprender na Senda; tanto, que nela mesma precisarás discernir e meditar cuidadosamente o que deve ser aprendido. Todo o conhecimento é útil, e um dia o possuirás integralmente; enquanto, porém, só possuíres parte dele, cuida em que essa seja a mais necessária. Deus tanto é Sabedoria como Amor e, quanto mais sábio fores, mais Ele se manifestará por teu intermédio. Estuda, pois, mas estuda em primeiro lugar o que mais te habilite a auxiliar os outros. Trabalha pacientemente em teus estudos, não para que os homens te julguem sábio, nem mesmo para gozares a felicidade de ser sábio, mas porque o sábio pode ser sabiamente útil. Por muito que desejes prestar auxílio, enquanto fores ignorante, poderás fazer mais mal do que bem.

Precisas distinguir entre a verdade e a mentira; deves aprender a ser verdadeiro em tudo: no pensamento, na palavra e na ação. Primeiro no pensamento, e isso não é fácil, porque há no mundo muitos pensamentos falsos, muitas superstições insensatas, e ninguém que a eles se escravize poderá progredir. Por conseguinte, não deves acolher um pensamento simplesmente porque muitas pessoas o acolhem, nem por constar de algum livro que os homens julguem sagrado; deves pensar por ti mesmo sobre a questão e por ti mesmo ajuizar se ela é razoável. Lembra-te que, embora um milhar de homens concorde sobre um assunto, se nada conhecerem a seu respeito, a sua opinião não tem valor. Aquele que quiser caminhar na Senda tem de aprender a pensar por si mesmo, pois a superstição é um dos maiores males do mundo e um dos empecilhos de que, por ti próprio, te deves libertar inteiramente.

O teu pensamento acerca dos outros deve ser verdadeiro; não penses a seu respeito aquilo que não saibas. Não suponhas que os outros estejam sempre pensando em ti. Se um homem faz alguma coisa que julgas poder prejudicar-te, ou diz algo que parece ser-te dirigido, não suponhas imediatamente: "*Ele pretende ofender-me*". O mais provável é que nunca pense em ti, pois cada alma tem as suas próprias preocupações, e os seus pensamentos não giram, as mais das vezes, em torno senão de si própria. Se um homem te falar colericamente, não penses: "Ele me odeia e quer ferir-me". Provavelmente alguém ou alguma coisa o encolerizou e, acontecendo encontrar-te, voltou a sua cólera sobre ti. Procede insensatamente, pois toda cólera é insensata, mas nem por isso deves pensar falsamente a seu respeito.

Quando te tornares discípulo do Mestre, poderás sempre averiguar a veracidade do teu pensamento cotejando-o com o d'Ele. Pois o discípulo é um com seu Mestre, e basta-lhe fazer retroceder o seu pensamento até o d'Ele para verificar se ambos estão de acordo. Se assim não for, o pensamento do discípulo é errôneo, e ele deve modificá-lo instantaneamente, pois o pensamento do Mestre é perfeito, visto que Ele tudo sabe. Aqueles que por Ele ainda não foram aceitos não podem fazer isso perfeitamente; porém, serão grandemente ajudados se freqüentemente se detiverem a perguntar: "Que pensaria o Mestre a esse respeito? Que faria ou diria Ele em tais circunstâncias?" Pois nunca deves fazer, dizer ou pensar o que não possas imaginar que o Mestre faça, diga ou pense.

Deves também ser verdadeiro no falar, exato e sem exageros. Nunca atribuas más intenções a outrem; somente o seu Mestre lhe conhece os pensamentos, e bem pode estar agindo por motivos que nunca penetraram em tua mente. Se ouvires uma narrativa contra alguém, não a repitas; pode não ser verdadeira e, ainda que o seja, é mais bondoso nada dizer. Pensa bem antes de falar, a fim de não caíres em inexatidões.

Sê verdadeiro na ação; nunca pretendas parecer senão aquilo que és, pois todo fingimento constitui um obstáculo à pura luz da verdade, que deve brilhar através de ti como a luz do Sol através de um vidro transparente.

Precisas discernir entre o altruísmo e o egoísmo, pois este último reveste muitas formas e, quando pensas tê-lo finalmente morto, numa delas, surge noutra tão forte como sempre. Porém, gradualmente o pensamento de auxiliar aos outros te encherá de tal modo que não haverá lugar nem tempo para pensares em ti próprio.

Deves ainda utilizar o discernimento de outra maneira: aprende a distinguir a Deus que está em todos e em tudo, por pior que seja a sua aparência exterior. Podes ajudar teu irmão pelo que tens de comum com ele — a Vida Divina. Aprende a despertar nele essa Vida, aprende a invocá-la nele; assim o salvarás do mal.

AUSÊNCIA DE DESEJOS

Há muitas pessoas para as quais a qualidade da ausência de desejos (abnegação, desapego) é difícil, por pensarem que os seus desejos são elas próprias e que, se esses desejos peculiares, simpatias e antipatias, lhes forem tirados, nada mais lhes restará. Essas, porém, são somente as que ainda não viram o Mestre; à luz da Sua Santa Presença todo desejo sucumbe, exceto o de se assemelhar a Ele. No entanto, antes mesmo de teres a ventura de encontrá-Lo face a face, podes conquistar a ausência de desejos, se o quiseres. O discernimento já te demonstrou que as coisas mais desejadas pelos homens, tais como a riqueza e o poder, não merecem o trabalho de ser possuídas; quando isso realmente é sentido, e não apenas enunciado, cessa todo o desejo por elas.

Tudo isso é simples; necessitas apenas compreender. Há, porém, algumas pessoas que se recusam a prosseguir em objetivos terrenos somente no intuito de alcançar o céu, ou para atingir a libertação pessoal dos renascimentos. Não deves cair nesse erro. Se te esqueceste por completo de ti mesmo, não podes preocupar-te com a época da libertação do teu ego ou com a espécie de céu que lhe caberá. Lembra-te de que todo desejo egoísta é um liame e que, por muito elevado que seja o seu objetivo, enquanto dele não te desembaraçares, não estarás totalmente livre para te entregares à obra do Mestre.

Quando tiverem desaparecido todos os desejos pessoais, poderá ainda restar o de apreciares o resultado do teu trabalho. Se auxiliares alguém, quererás *ver* até que ponto o tens ajudado; talvez até queiras mesmo que ele também o reconheça e a ti se mostre grato. Isso, porém, é ainda o desejo, além de uma falta de confiança. Quando aplicas a tua energia em auxiliar alguém, advirá daí um resultado, quer possas vê-lo, quer não; se conheces a Lei, sabes que deve ser assim. Precisas, pois, fazer o bem por amor ao bem, e não com a esperança da recompensa. Trabalha por amor ao trabalho, e não para ver o resultado; deves entregar-te ao serviço do mundo porque o amas e não podes deixar de fazê-lo.

Não desejes os poderes psíquicos; eles virão quando o Mestre achar que melhor te será possuí-los. Forçá-los muito cedo traz consigo diversas perturbações; freqüentemente o seu possuidor é desencaminhado por falazes espíritos da natureza ou então se torna vaidoso e se julga isento de cair em erro. Em todo o caso, o tempo e a força necessários para adquiri-los poderiam ser gastos em trabalhar para os outros. Eles virão no decurso do teu desenvolvimento — porque devem vir; e se o Mestre entender que te será útil possuí-los mais cedo, te ensinará como desenvolvê-los com segurança. Até então, melhor será que não os possuas.

Deves precaver-te, também, contra certos pequenos desejos, comuns na vida diária. Nunca desejes sobressair nem parecer instruído. Não desejes falar. É bom falar pouco; melhor ainda é nada dizer, a não ser que estejas seguro de que o que pretendes dizer é *verdadeiro, amável* e *útil*. Antes de falar, reflete cuidadosamente se o que pretendes dizer preenche essas três qualidades; caso contrário, não o digas.

É bom que te habitues desde agora a refletir cuidadosamente antes de falar, pois, quando alcançares a Iniciação, terás de vigiar cada palavra a fim de não dizeres o que não deve ser dito. Muitas das conversações habituais são desnecessárias e insensatas; e, quando descem à maledicência, tornam-se perversas. Assim, acostuma-te antes a ouvir do que a falar; não emitas opinião senão quando diretamente solicitada. Um enunciado das qualidades requeridas é assim formulado: *saber, ousar, querer* e *calar*, e a última das quatro é a mais difícil de todas.

Um desejo vulgar que deves severamente reprimir é o de te imiscuíres nos negócios de outrem. O que um homem faz, diz ou crê não é de tua conta, e precisas aprender a deixá-lo absolutamente entregue a si próprio. Ele tem pleno direito à liberdade de pensamento, palavra e ação, até o ponto em que não interfira no que concerne a outrem. Tu próprio reclamas a liberdade de fazer o que julgas bom; deves outorgar a mesma liberdade aos outros e, quando a usarem, não tens o direito de recriminá-los por isso.

Se julgas estar alguém agindo mal e encontras uma oportunidade de lho dizer em particular e muito delicadamente, porque assim pensas, talvez consigas convencê-lo; porém, em muitos casos, isso não passaria de uma interferência indébita. De modo algum deverás murmurar com uma terceira pessoa sobre o assunto, pois isso seria uma ação extremamente má.

Se observares um caso de crueldade para com uma criança ou um animal, é teu dever intervir. Se vires alguém violando as leis do país, deves informar as autoridades (¹). Se estiveres incumbido de instruir outra pessoa, pode tornar-se teu dever adverti-la suavemente de suas falhas. Exceto em tais casos, ocupa-te de teus próprios afazeres e aprende a virtude do silêncio.

BOA CONDUTA

Os seis pontos sobre a conduta, especialmente exigidos pelo Mestre, são:

---

(1) Naturalmente em casos manifestamente graves, como o da prática da crueldade, ou quando intimado a fazê-lo. (N. da Ed.)

◇ domínio da mente
◇ domínio da ação
◇ tolerância
◇ contentamento
◇ perseverança (unidade de direção para o fim visado)
◇ confiança

(Sei que algumas dessas qualidades são freqüentemente expressas de modo diferente; porém, em todo caso dou-lhes as designações que o próprio Mestre empregou ao explicá-las.)

◇ *Domínio da mente*

A qualidade da *ausência de desejos* mostra que o corpo astral precisa ser dominado, e o mesmo acontece em relação ao corpo mental. Isso significa domínio do temperamento, de modo a não poderes sentir cólera ou impaciência; domínio da própria mente, a fim de que o teu pensamento seja sempre calmo e sereno; e, por intermédio da mente, domínio dos nervos, a fim de que sejam o menos irritáveis possível. Este último objetivo é difícil de atingir, porque, quando tentas preparar-te para a Senda, não podes deixar de tornar o teu corpo mais sensível; de sorte que os teus nervos podem ser facilmente estremecidos por um som ou choque, e sentir de modo agudo qualquer pressão. Faze, porém, o melhor que te for possível.

Mente calma implica também *coragem e firmeza: Coragem* para afrontares sem medo as provas e dificuldades da Senda e *firmeza* para suportares as pequenas perturbações inerentes à vida diária e evitares os aborrecimentos incessantes, oriundos de pequenas coisas em que muita gente consome a maior parte do seu tempo. O Mestre ensina que não tem a menor importância o que aconteça exteriormente ao homem: tristezas, perturbações, doenças e perdas devem ser nada para ele, e ele não há de permitir que lhe afetem a calma do mental. São o resultado das ações passadas e, quando chegam, cabe-te suportá-las alegremente com a lembrança de que todo mal é transitório e de que é teu dever permanecer sempre contente e sereno. Pertencem às tuas vidas anteriores e não a esta; não podes alterá-las; portanto, é inútil que te preocupes com elas. Pensa antes no que estás fazendo agora e que determinará os acontecimentos da tua próxima vida, pois essa podes modificar.

Nunca cedas à tristeza nem ao desânimo. O desânimo é mau, porque contamina os outros e torna a vida deles mais difícil, o que não tens o direito de fazer. Portanto, sempre que venha a ti, deves repeli-lo imediatamente.

Deves, ainda, dominar o teu pensamento de outro modo: não o deixes vaguear. Fixa o teu pensamento no que estiveres fazendo, a fim de que seja feito com perfeição. Não deixes a tua mente ociosa, porém mantém sempre nela bons pensamentos em reserva, prontos a avançar quando ela estiver livre.

Emprega diariamente o poder do teu pensamento em bons propósitos: sê uma força orientada para a evolução. Pensa cada dia em alguém que saibas estar imerso na tristeza e no sofrimento, ou necessitando auxílio, e derrama sobre ele teus pensamentos de amor.

Preserva a tua mente do orgulho, porque o orgulho provém somente da ignorância. O homem que não sabe pensa ser grande por ter feito alguma grande coisa; mas o sábio compreende que só Deus é grande e que toda obra é feita só por Ele.

◇ *Domínio da ação*

Se o teu pensamento for o que deve ser, encontrarás pouca dificuldade no domínio da ação. Lembra-te que, para ser útil à humanidade, o pensamento deve traduzir-se em ação. Nada de indolência, mas uma constante atividade no trabalho útil. Deves, porém, cumprir o *teu* próprio dever e não o de outrem, a não ser com a sua devida permissão e no intuito, sempre, de ajudá-lo. Deixa que cada um execute o seu trabalho a seu modo; mantém-te sempre pronto a oferecer auxílio onde for necessário, porém *nunca* te intrometas. Para muita gente, a coisa mais difícil deste mundo é aprender a ocupar-se de seus próprios negócios, porém é exatamente isto o que deves fazer.

Pelo fato de empreenderes um trabalho de ordem superior, não deves esquecer os teus deveres comuns, pois enquanto os não cumprires não estarás livre para outro maior. Não tomes sobre ti novos deveres para com o mundo; porém, desincumbe-te perfeitamente daqueles de que já te encarregaste — os deveres definidos e razoáveis que tu próprio reconheces como tais, e não os deveres imaginários que porventura alguém pretenda impor-te. Se queres pertencer ao Mestre, deves executar o teu trabalho comum melhor e não pior do que os outros, porque deves fazer também isso por amor a Ele.

◇ *Tolerância*

Deves sentir perfeita tolerância por todos, e um sincero interesse pelas crenças dos de outra religião, tanto quanto pelas tuas próprias. Pois a religião dos outros é um Caminho para o Supremo, da mesma forma que a tua. E para auxiliar a todos é preciso tudo compreender.

Mas a fim de alcançar essa perfeita tolerância, deves tu próprio, em primeiro lugar, libertar-te da superstição e da beatice. Precisas aprender que não há cerimônias indispensáveis; de outro modo te suporias um pouco melhor do que aqueles que não as cumprem. Não condenes, porém, os que ainda se apegam às cerimônias. Deixa-os fazer o que lhes aprouver, contanto que não se intrometam no que concerne a ti, que conheces a verdade, pois não devem tentar forçar-te ao que já ultrapassaste. Sê indulgente com todos; sê benévolo em tudo.

Agora que os teus olhos foram abertos, algumas das tuas antigas crenças e cerimônias podem parecer-te absurdas; talvez, na realidade, o sejam. Apesar, porém, de não poderes mais tomar parte nelas, respeita-as por amor às boas almas para quem elas são ainda importantes. Têm o seu lugar e a sua utilidade; assemelham-se às duplas linhas que, quando criança, te guiavam para escreveres em linha reta e na mesma altura, até que aprendeste a escrever muito melhor e mais livremente sem elas. Houve tempo em que necessitaste delas; esse tempo, porém, já passou.

Um grande Instrutor escreveu certa vez: "Quando eu era criança, falava como criança, entendia como criança; porém, quando me tornei homem, abandonei os modos infantis". No entanto, aquele que esqueceu sua infância e perdeu a simpatia pelas crianças não é o homem que as possa instruir e ajudar. Assim, olha a todos bondosamente, gentilmente, tolerantemente; porém, a todos da mesma forma, quer sejam budistas, jainistas, judeus, cristãos ou maometanos.

◇ *Contentamento*

Deves suportar o teu karma alegremente, qualquer que ele seja, tendo o sofrimento como um honra, pois demonstra que os Senhores do Karma te acham digno de auxílio. Por muito duro que ele seja, mostra-te agradecido por não ser ainda pior. Lembra-te que de muito pouca utilidade serás para o Mestre enquanto o teu mau karma não for esgotado e dele não estiveres livre. Oferecendo-te a Ele, pediste que o teu karma fosse apressado e, assim, em uma ou duas vidas esgotas o que, de outro modo, exigiria uma centena delas. Para maior proveito, porém, deves suportá-lo alegremente.

Há outro ponto de importância: abandona todo sentimento de posse. O karma pode arrebatar-te aquilo de que mais gostas, mesmo as pessoas que mais amas. Ainda assim deves ficar contente, pronto a separar-te de tudo e de todos. Freqüentemente o Mestre necessita transmitir Sua força a outros por intermédio do Seu servo, mas não poderá fazê-lo se o servo ceder ao desânimo. Por isso, o contentamento é indispensável.

◇ *Perseverança*

A única coisa que deves manter sempre presente em tua mente é o trabalho do Mestre. Qualquer outra coisa que surja em teu caminho não te deve fazer esquecê-lo. Na verdade, nenhuma outra coisa poderá surgir diante de ti, pois todo trabalho útil e desinteressado é trabalho do Mestre, e tu deves executá-lo por amor a Ele. E precisas dedicar-lhe toda a tua atenção a fim de fazê-lo do melhor modo possível. O mesmo Instrutor escreveu também: "O que quer que faças faze-o *de boa vontade*, como sendo para o Senhor e não para os homens". Pensa como executarias um trabalho se soubesse que o Mestre viria vê-lo imediatamente; é justamente nessas condições que deves executar tudo. Aqueles que sabem, melhor compreenderão o significado desse versículo. Há um outro versículo semelhante, porém muito mais antigo: "Em tudo o que a tua mão fizer, aplica toda a tua força".

A perseverança significa também que nada deverá afastar-te, por um momento sequer, da Senda em que entraste. Nem tentações, nem os prazeres do mundo, nem as afeições mundanas devem jamais desviar-te. Pois tu mesmo deves unificar-te com a Senda; ela deve tornar-se de tal modo parte da tua própria natureza, que a percorras sem nisso teres de pensar e sem te desviares. Tu, a Mônada, assim o decidiste; separares-te da Senda equivaleria a separares-te de ti mesmo.

◇ *Confiança*

Deves confiar em teu Mestre e ter confiança própria. Se já viste o Mestre, n'Ele confiarás plenamente, através de muitas vidas e mortes. Se ainda não O viste, deves tentar averiguar a Sua existência e confiar n'Ele, porque, se não o fizeres, nem mesmo Ele poderá ajudar-te. Sem perfeita confiança, não poderá haver perfeita efusão de amor e poder.

Necessitas confiar em ti mesmo. Dizes que te conheces muito bem? Se assim pensas, *não* te conheces; conheces apenas o débil envoltório externo que freqüentemente tem caído na lama. Porém, *tu* — o Eu real — és uma centelha do Fogo Divino, e Deus, que é Todo-Poderoso, está em ti e, por esse motivo, nada existe que não possas fazer, se o quiseres. Dize a ti mesmo: "O que o homem fez, o homem pode fazer. Eu sou um homem, porém, sou também o Deus que está no homem; eu posso fazer isso e quero fazê-lo". Pois se quiseres trilhar a Senda, a tua vontade deve ser como aço de boa têmpera.

AMOR

De todas as qualidades, o Amor é a mais importante, pois sendo bastante forte num homem, obriga-lhe a aquisição de todas as demais qualidades, que não bastariam sem o Amor. Freqüentemente é expresso como um intenso desejo de se libertar da roda dos nascimentos e das mortes e de se unir a Deus. Entendê-lo, porém, desse modo, denota egoísmo e abrange apenas uma parte da sua significação. Não é tanto o desejo, como a *vontade*, a resolução, a determinação. Para produzir seus resultados, essa resolução deve encher de tal modo toda a tua natureza que não deixe lugar para qualquer outro sentimento. É, na verdade, a vontade de ser uno com Deus, não para escapares à fadiga e ao sofrimento, mas para que, pelo teu profundo amor por Ele, possas agir com Ele. E porque Ele é Amor, tu, se quiseres unir-te a Ele, deves encher-te de profundo desinteresse e de amor.

Na vida diária isso implica duas coisas: em primeiro lugar, ter o cuidado de não fazer mal a nenhum ser vivo e, em segundo, vigiar as oportunidades de prestar auxílio.

Primeiro, não fazer mal. Três pecados acarretam maior dano do que todos os outros no mundo — a *maledicência*, a *crueldade* e a *superstição* — por serem pecados contra o amor. O homem que quiser encher o seu coração do amor de Deus deve estar incessantemente precavido contra a prática desses três pecados.

Observa os efeitos da maledicência. Começa com um mau pensamento, e este em si mesmo já é um crime, pois, em tudo e em todos existe o bem, em tudo e em todos existe o mal. Podemos reforçar qualquer deles pelo pensamento, e desse modo ajudar ou embaraçar a evolução; podemos fazer a vontade do Logos ou resistir-lhe. Se pensares no mal que existe em outrem, cometes ao mesmo tempo três ações más:

1ª Enches teu ambiente de maus em vez de bons pensamentos, aumentando, assim, a tristeza do mundo.

2ª Se nesse homem existir o mal que supões, fortificas e alimentas esse mal e, assim, tornas pior o teu irmão, em vez de melhorá-lo. Porém, geralmente o mal não existe nele, mas é apenas um produto da tua fantasia; e então o teu pensamento tentará o teu irmão à prática do mal, pois, se ele ainda não for perfeito, poderás torná-lo tal qual o imaginas.

3ª Saturas a tua mente de maus em vez de bons pensamentos; embaraças, assim, o teu próprio crescimento, tornando-te, aos olhos dos que podem ver, um objeto feio e penoso, em lugar de belo e atraente.

Não contente de ter feito todo esse mal a si próprio e à sua vítima, o maledicente tenta, com todas as suas forças, fazer os outros partícipes do seu crime. Prontamente conta a perversa história, na esperança de que o acreditem; e então se juntam todos a enviar maus pensamentos ao pobre paciente. Isso se repete dia a dia, e é feito, não por um homem, mas por milhares. Começas a ver quão terrível é este pecado? Deves evitá-lo por completo. Nunca fales mal de ninguém; recusa ouvir o mal que te disserem dos outros e suavemente observa: "Talvez não seja verdade e, mesmo que o seja, é mais caritativo não falarmos nisso".

Quanto à crueldade, pode ser de duas espécies: intencional e não-intencional. A crueldade intencional consiste em causar dano a um ser vivo, de ânimo deliberado; esse é o maior de todos os pecados — próprios antes de um demônio do que de um homem. Dirás que nenhum homem cometeria tal crime; porém, os homens cometeram-no muitas vezes e ainda o cometem diariamente. Praticaram-no os inquisidores; muita gente religiosa o praticou em nome da sua religião. Os vivissectores praticam-no; muitos mestres-escolas praticam-no habitualmente. Toda essa gente procura desculpar a sua brutalidade dizendo que é costume; um crime, porém, não deixa de sê-lo porque muita gente o comete. O karma não leva em conta o costume, e o karma da crueldade é, de todos, o mais terrível. Na Índia, pelo menos, não há desculpa para tais hábitos, pois o dever de não fazer mal é bem conhecido de todos. A sorte reservada ao cruel incide também sobre todos aqueles que intencionalmente matam criaturas de Deus, sob pretexto de *desportos*.

Sei que não farás essas coisas; e, por amor de Deus, quando a oportunidade se oferecer, falarás abertamente contra elas. Porém, existe a crueldade na palavra, da mesma forma que nos atos, e um homem que diz algo com a intenção de ferir a outrem é passível desse crime. Isso também não farás; porém, às vezes, uma palavra impensada faz tanto mal como se fosse malévola. Deves, pois, estar de sobreaviso contra a crueldade irrefletida.

Ela se origina, comumente, da irreflexão. Um homem cheio de avareza e cobiça não pensa jamais nos sofrimentos que causa aos outros, pagando-lhes pouco e deixando meio famintos a mulher e seus filhos. O outro pensa apenas nos seus desejos luxuriosos, pouco se importando com os corpos e as almas que arruína para sua satisfação. Outro, somente para poupar-se uns poucos minutos de incômodo, não paga aos seus operários no dia designado, sem pensar nas dificuldades que lhes origina. Muito sofrimento pode, pois, ser causado pela irreflexão — pelo olvido de pensar sobre o modo pelo qual uma ação afeta os outros. Porém, o karma não esquece nunca, e não leva em conta o esquecimento dos homens. Se desejas entrar na Senda, deves pensar nas conseqüências das tuas ações a fim de não incidires em crueldade irrefletida.

A superstição é outro grande mal, que tem causado muitas e terríveis crueldades. O homem que é seu escravo desdenha aqueles que são mais sábios e tenta fazê-los agir do mesmo modo. Pensa nos horrendos massacres produzidos pela superstição que aconselha o sacrifício de animais e pelo ainda mais cruel preconceito de que o homem necessita de carne para alimentar-se. Pensa nos maus-tratos que a superstição tem criado para as classes oprimidas da nossa Índia bem-amada, e verifica por aí quanto essa má qualidade pode originar de covarde crueldade, mesmo entre os que conhecem o dever de ser fraternal. Os homens cometeram muitos crimes em nome do Deus do Amor, movidos pelo pesadelo da superstição; cuida, pois, muito para que dela não reste em ti o menor vestígio.

Esses três grandes crimes deves evitar, pois são fatais a todo o progresso, por serem pecados contra o Amor. Não basta, porém, refrear o mal; é preciso ser ativo no bem. Deves encher-te tanto do intenso desejo pela formação desse hábito de serviço, que estejas sempre vigilante para prestá-lo em torno de ti — não somente aos homens, como também aos animais e às plantas. Deves prestá-lo nas pequenas coisas, cada dia, a fim de que não percas as raras oportunidades em que se te apresentem grandes coisas para fazeres. Pois, se anseias unir-te a Deus, não é por amor a ti próprio, mas para que possas ser um canal através do qual o Seu amor flua aos homens, teus irmãos.

Aquele que está na Senda não existe para si mesmo, mas para os outros; esquece a si próprio para poder servi-los. Ele é como uma pena na mão de Deus, através da qual o Seu pensamento flui e pode encontrar neste mundo uma expressão que, sem esse instrumento, não poderia ter. É ao mesmo tempo uma coluna de fogo vivo a irradiar sobre o mundo o Amor Divino que lhe enche o coração.

A Sabedoria que torna capaz de ajudar, a Vontade que dirige a Sabedoria, o Amor que inspira a Vontade — tais são as qualidades requeridas. Vontade, Sabedoria e Amor são os três aspectos do Logos; e tu, que desejas alistar-te ao Seu serviço, deves expressar esses três aspectos no mundo.

COMO FOI ESCRITO O LIVRINHO
"AOS PÉS DO MESTRE"

*Contado pelo Sr. C. W. Leadbeater a
alguns íntimos, em Nova Zelândia*

Talvez todos vós tenhais lido o livrinho *Aos Pés do Mestre*, e se algum dos presentes há que ainda não o leu, deve tratar de fazê-lo. Se lestes o prefácio deste livro, deveis ter notado que consiste nas instruções dadas a Alcione por meu Mestre K. H., o Ser que, séculos passados, esteve entre nós como Pitágoras. Eu mesmo me achava presente quando as lições lhe foram dadas, porque era essa uma das partes do meu trabalho, juntamente com o auxílio que devia prestar ao meu jovem amigo Alcione. Tais lições eram dadas durante o sono. Cabia-me o dever de levá-lo todas as noites ao Mestre. Devemos lembrar-nos de que o corpo de Alcione contava, nessa ocasião, apenas treze anos de idade. Assim, qualquer ensino que se lhe tinha de transmitir devia ser tão claro e simples quanto fosse possível, a fim de que um cérebro dessa idade pudesse compreendê-lo. Tinha-se também de enfrentar a dificuldade de uma língua estrangeira, a inglesa, pois o jovem era hindu e devia haver no texto a maior clareza possível.

Apesar dessas dificuldades, o texto contém tudo quanto é necessário à primeira Iniciação.

Cada noite o Mestre dava, mais ou menos, 15 minutos de lição; porém, sempre, no fim da lição, Ele resumia numa singela frase tudo quanto havia ensinado. De manhã Alcione escrevia o texto.

Devo dizer-vos que a obra não contém os textos escritos, mas apenas o seu resumo.

Foi desse modo que obtivestes um conjunto de lições segundo a linha do Boddhisattva.

Depois Alcione foi a Benares e ali instruiu algumas pessoas; escreveu-me de lá para Adyar, pedindo que mandasse todas as notas que eu havia tomado. Algumas estavam em cadernos, outras em pedaços de papel; juntei-as e fiz uma cópia à máquina. Lembrei-me, porém, que, segundo palavras do Mestre, devia levá-las a Ele, antes de as enviar a Alcione. Assim fiz. O Mestre acrescentou duas sentenças que nós havíamos omitido.

"Antes que façamos qualquer coisa para o Mundo, mostremo-la ao Instrutor do Mundo" (¹), disse-me o Mestre.

Ele mesmo levou o texto escrito; eu O acompanhei. O Senhor (o Instrutor do Mundo) o leu e aprovou. Foi Ele mesmo quem nos disse: "Deveis imprimir isto num pequeno e precioso livrinho — para projetar Alcione no mundo".

Verdade é que não havíamos pensado em tal coisa, nem desejávamos apresentar ao mundo uma criatura ainda tão jovem. Mas, no mundo do Ocultismo devemos fazer o

---

(1) Entre os cristãos, Instrutor do Mundo é o Cristo Nosso Senhor, e entre os budistas é o Senhor Maitreya (o Senhor da Bondade). São nomes diferentes para o mesmo grande Ser. (N. da Ed.)

que se nos ordena, sem vacilação nem receio, porque os nossos superiores sabem mais do que nós o que podemos alcançar.

O Instrutor do Mundo tinha razão. Nós é que nos tínhamos enganado. Todos os inconvenientes que receávamos realmente se deram, porém a imensidade dos benefícios espalhados foi de tal ordem e magnitude que, com presteza, desapareceram os superficiais e ligeiros inconvenientes.

Milhares e milhares de pessoas nos têm dito que tão benfazejas lhes foram essas lições, que chegaram a mudar completamente a corrente inteira de suas vidas.

Este pequenino livro nos mostra e ensina com que espírito serão formuladas as lições do Mestre: *O amor será a sua chave,* isto é, a sua nota fundamental.

DESPERTAI, FILHOS DA LUZ!

NOTA — Estes ensinamentos, de uma alta significação espiritual, foram transmitidos a dois proeminentes místicos que desejaram ficar incógnitos. Cada um poderá interpretá-los segundo a sua tendência filosófica ou mística. (N. da Ed.)

I

Oh! vós que jazeis imersos no sofrimento e na tristeza, despertai, e atendei ao apelo do Senhor!

Despertai, ó filhos da nova raça, vede e executai o vosso glorioso destino.

Abandonai a inércia e a indiferença em que viveis imersos — e utilizai os vossos poderes.

Saturai o vosso coração de amor pelo próximo e vivei a vida una.

Compreendei as grandiosas possibilidades ao vosso alcance — e segui a voz do vosso Grande Protetor.

Necessitamos de quem possa responder ao Seu apelo.

Todos quantos a Ele pertencem devem abandonar os seus inúteis anseios em busca da satisfação de mesquinhos desejos egoístas.

Devem compreender a parte que lhes toca no trabalho em prol daqueles que jazem ainda na escuridão e na ignorância; e ajudar a soerguer as suas consciências, para levá-las à compreensão do excelso poder do bem e à percepção da grande responsabilidade desta divina mensagem.

Nós precisamos de vós — Nós de todos carecemos.

Oh! que todos se levantem e auxiliem o grande Senhor do Mundo e ajudem-Nos no tremendo trabalho que em toda raça Ele deve executar.

EU SOU

"Eu sou" o vosso Mestre.

E mais do que isso Eu sou: porquanto Eu Sou vós mesmos e vós sois Eu mesmo.

"Eu Sou" vós — Vós sois Eu — Nós somos Ele — Todos nós somos Um.

"Eu estou" onde vós estais.

"Eu sou" a luz das vossas almas.

Chamai-Me sempre assim — esta Luz aos outros transmiti.

"Eu Sou" o espírito que pulsa dentro do vosso coração — e em toda parte estou e em todos os corações Eu pulso.

No coração de tudo que vive, Eu vivo.

"Eu estou" em tudo e tudo Eu sou.

Meditai nisso, até que não vos enganeis, julgando possa algum ser existir separado de Mim, porque Eu sou todos os seres — e cada um deles é Eu mesmo.

Eu vejo através de todos os olhos — procurai ver-Me sempre em toda parte.

Pensai em mim como o poder sempre pronto a socorrer e guiar.

Em todo ato de auxílio estou e em todo sacrifício — ajudando aos outros comigo vos unificareis.

Eu sou o Amor — e toda manifestação de amor puro é uma expressão de Mim mesmo.

Ouvi a Minha voz — e jamais deixeis passar uma oportunidade sequer de propagar minha palavra entre os homens.

OS GRANDES PROTETORES

Nós somos o Bem do mundo.

A terra inundamos de luz — Os homens, porém, em tal camada de interesses egoístas vivem envoltos, que a luz que lhes enviamos não percebem.

Pairam além da vossa compreensão os Nossos discípulos.

Eles são os instrumentos mediante os quais poderemos ajudar o mundo pelo Nosso trabalho.

Esforçai-vos, para podermos manifestar-Nos em vós e, se puderdes, nos outros através de vós.

"Através dos outros" é o vosso caminho para Nós.

Nós vos queremos ajudar — sabei que isso é possível.

Ajudaremos todos que necessitarem, "seja qual for o caminho que estiverem percorrendo".

Mas somente vos poderemos ajudar quando abrirdes os vossos corações às Nossas forças. E somente na medida do auxílio que aos "outros" prestardes fluirão sobre vós as Nossas bênçãos.

Vivei para ajudar e socorrer, para proteger e auxiliar — e as Nossas forças descerão através de vós, como um poder vivificador.

Vede a Nossa aspiração de ajudar a humanidade na efetivação de seus poderes.

Cada dia que passa é uma ocasião que se oferece para vos aproximardes de Nós.

Perto de vós Nos achamos e prontos a vos socorrer; necessário é, porém, que de Nós vos aproximeis e no caminho ascendais.

O SENHOR DO AMOR

Ei-Lo, o Grande Uno, a Quem vós pertenceis como o amor ao amor pertence — e que é o próprio amor.

Ei-Lo, Aquele que em tudo deveis ver: todos são Ele — Ele é tudo.

Ele é o Salvador e o Irmão; Ele é quem vos dá em cada segundo a Sua própria vida, para vos trazer para mais perto do vosso próprio Eu.

O amor é o pulsar da Sua vida, com o qual ao coração humano ajuda a despertar os próprios divinos poderes.

Todo amor é Ele — é Sua manifestação.

O amor é o caminho único que a Ele nos conduz, a Ele que na verdade é a encarnação do Amor.

Todos podem alcançá-Lo se O buscarem perseverantemente.

Crede no Seu poder; alta capacidade tem para ajudar — deixai Sua Luz brilhar nas vossas almas, e ao mesmo a transmiti pelos vossos atos e palavras.

Pensai sempre naquilo que Ele possa querer que façais.

Nada do que para Ele não tem valor deve atingir-vos ou passar através de nós.

Amai-O com todo o vosso ser — e exaltai a vossa consciência até ao Seu amor sobre vós, à medida que o vosso amor para Ele sobe.

Amando aos "outros", a Ele amais.

Segui fielmente a idéia que Ele tem do amor: aos átomos, às criaturas vivas, aos seres humanos ama — sem considerar o que são e o que fazem.

Amai-O assim.

E sirva cada pulsar do vosso coração para espalhar no mundo o Seu amor infinito.

O CRISTO INTERNO

É Ele quem dirige os corações de todos os seres humanos, sejam de quem forem.

Do fundo do coração todas as ações podem ser reguladas por Ele — objeto do amor de todo o mundo.

Senti-O dentro de vós mesmos. Pensai n'Ele como existindo cada vez mais no vosso coração.

Pensai n'Ele, não como estando unicamente em vós, mas nos outros também: como o Grande Ser manifestado em tudo que existe e vive.

Despertai-O dentro de vós, tornando-vos uma expressão cada vez mais completa d'Ele — e suprimi de vós tudo quanto não seja Ele.

Concorrei para fazê-Lo despertar nos outros, pois achando eco no coração deles, a todos beneficiará com a Sua presença.

O seu primeiro sinal é a concepção do Cristo criança. Crescerá depois, e cada vez mais forte se tornará, e mais puramente e melhor em vós se há de manifestar.

Mas é pelo sofrimento que Ele se desenvolve — não O esqueçais.

Cada angústia O fortificará — fá-Lo-á surgir e unificar-Se convosco.

O INSTRUTOR QUE SE APROXIMA

O Grande Senhor do Amor em breve aparecerá — mas muitas coisas devem ser feitas antes que Ele possa começar Sua missão nestes planos mais baixos da Natureza.

Sua vinda é o mais glorioso acontecimento dos tempos vindouros.

Em Suas mãos repousa o equilíbrio do mundo; Ele mantém equilibrada a balança do bem e do mal.

Cada vez mais Ele se aproxima — e quanto mais perto está de vós, maior é a resistência daqueles cuja missão é oporem-se à evolução e experimentarem a resistência moral dos homens.

Isto é por si só uma prova de Sua aproximação.

Ele há de ser ouvido por todo o mundo. E a Sua voz deve ser compreendida antes de Seu advento.

Esforçai-vos para que os homens percebam que Ele se aproxima; Ele de quem o mundo tanto necessita e por Quem ansiosamente clama.

E o mundo deve clamar por Ele incessantemente.

Ele virá mais cedo do que se pensa: está contando as horas que O separam do mundo.

Paira, entretanto, Sua influência sobre a terra.

Recebamo-Lo desde agora — vivendo o Seu amor, a Sua beleza, a Sua pureza.

POR QUE ELE VEM

Trazer aos homens amor e harmonia. A luz da divina Unidade — é a Sua Missão.

Sacrifício nenhum é grande demais para receberdes o vosso Divino Irmão.

Tudo dependerá do grau que a humanidade puder alcançar com esse esforço, em busca das mãos benfazejas que sobre ela se estendem, num largo gesto de misericórdia e de piedade.

Ele está pronto para travar combate pela vitória do amor supremo.

A Humanidade tem agora de escolher entre a luz e a miséria.

Brevemente ultrapassará a sua era mais obscura — e a luz brilhará onde reinaram as trevas.

Alegria eterna e receptividade são necessárias para que a luz se expanda; e o pesar e o sofrimento pertencerão em breve a um passado sombrio.

Glória e felicidade aguardam os homens que essa luz conseguem perceber.

Sem um grande esforço não cessarão os sofrimentos dos homens.

Se virem a Sua Luz, para ela se voltarem e compreenderem o Seu amor, então as dores cessarão.

A paz reinará na terra quando Ele vier trazê-la aos homens.

A paz firmada no amor; — a paz que derruba as barreiras entre raças e nações, classes e castas.

A verdade divina iluminará o mundo quando Ele vier.

A Humanidade, porém, deve despertar e tornar-se digna do Seu auxílio e do Nosso.

Muitas transformações devem ter lugar, muito auxílio deve ser prestado, antes que Ele possa estar entre os homens.

Ouvi o Seu apelo, todos vós que sofreis agrilhoados pelo egoísmo e pela ignorância.

Considerai o vosso dever, considerai as vossas capacidades para o trabalho que Ele de vós espera.

PREPARANDO O CAMINHO DO SENHOR

Ajudai o trabalho de preparação para a vinda do Senhor do Amor vivendo com Amor e o Seu amor a todos transmitindo.

A todos falai sobre Ele.

Nenhuma oportunidade deveis perder de espalhar a Boa Nova — e assim muitos despertarão no devido tempo.

Fazei que o mundo veja como Ele a Si mesmo se manifesta: difundindo entre os homens a fraternidade pela qual tantas correntes hoje trabalham.

Ensinai: — somente poderão vê-Lo aqueles que olharem na direção onde Ele Se acha — no caminho da fraternidade e do amor.

O mundo deve ser trazido cada vez mais perto, até tocar os Seus ensinamentos: tornai-os conhecidos de todos.

Fazei com que os homens compreendam o enorme esforço que se está realizando agora, no surto da nova raça.

Fazei com que percebam a importância da passagem por este ponto de evolução, em que a Luz mais uma vez lhes é oferecida.

Ajudar os outros a alcançá-la deve ser o vosso constante esforço.

Muito poderá ser dado neste momento, e melhor resultado será obtido por aqueles a quem a Sua mensagem for agora transmitida, do que por aqueles que dela tiverem conhecimento somente depois de Sua vinda.

Empregai toda vossa energia em tornar cada vez maior a Sua influência.

Preparai o Seu caminho em todas as direções possíveis.

SEGUI-O

O Senhor do Amor, quando chegar, carecerá de muitos instrumentos para a execução do Seu labor, para transmitir aos homens a Sua mensagem de amor.

Muitos serão necessários — poucos estarão prontos.

Vimos convocar obreiros que tiverem vontade de trabalhar com o Senhor.

De muitos Nos aproximamos nestes dias, a fim de prepará-los para o trabalho que deverá ser feito em próximo futuro.

Excelsos tempos são estes para quem percebe a importância do novo ciclo — e Nossos discípulos devem crescer em número e em força para executar o trabalho do Senhor.

Necessitamos de todos os trabalhadores que pudermos recrutar e exercitar para determinados trabalhos; cada qual naquilo em que for mais forte, todos, porém, com o mesmo objetivo.

O mundo deve estar preparado para reconhecê-Lo quando Ele vier — e isso muito dependerá do modo como os Nossos discípulos obedecerem às Nossas indicações.

Do karma deles depende a eficiência com que poderão colaborar nessa grandiosa obra — e não exaltarão bastante o apelo da hora presente.

Grande responsabilidade é esta que paira sobre os Nossos discípulos — porém, o amor pelo Senhor habilitará os discípulos a trabalharem cada vez mais eficientemente por Ele e com Ele.

Os Nossos discípulos devem ser os Nossos postos avançados no mundo — e o seu concurso deve ser constante para a execução do Nosso propósito de tornar melhor a humanidade.

Tudo quanto for expandir os Seus ensinamentos, difundir a Sua doutrina de amor e de sacrifício é Nosso trabalho e dos Nossos discípulos.

Mantende-vos unidos e ficai certos do Nosso auxílio.

Recebei-O dentro de vós mesmos, tornai-vos Seus colaboradores, agora que Ele de vós necessita.

Comunicai aos outros a necessidade que temos de veículos para Nossas forças, e transmiti-lhes a boa nova de que o Senhor está pronto para baixar à terra.

Nós vos protegemos e cada vez vos amamos mais, por tudo quanto puderdes fazer por Ele, o Mestre dos Mestres.

II
COMO ADQUIRIR
AS QUALIDADES NECESSÁRIAS

Caminhai, crescei e tornai-vos um auxiliar, ao invés de permanecerdes sempre precisando de auxílio!

DISCERNIMENTO

Não podemos empregar pessoas que não tenham discernimento.

De trabalhadores carecemos, capazes de trabalhar isoladamente.

Necessitamos de colaboradores, e para isso vos tornardes deveis ser capazes de distinguir o que tem importância do que não a tem.

Poremos muitas vezes à prova o vosso senso comum; — deveis aprender a guiar-vos sozinhos, para que possamos confiar em vós.

Aquilo que de vós carecemos depende da energia da vossa própria mente.

Deveis saber que somente a vós vos cabe decidir o que a personalidade deve aos Nossos discípulos.

Sabei que tendes direito ao melhor do vosso próprio conhecimento — empregai-o, pois, mesmo contra a Nossa vontade expressa, pois a vossa fé em Nós não deve colidir com o poder inerente a vós próprios.

Deveis desenvolver tão completamente a vossa independência de pensar e de agir, que possais com segurança discernir cuidadosamente, antes de falar, agir ou pensar.

Procedei com discernimento em todas as coisas: os excessos nunca são judiciosos.

Meditai sobre aquilo que vos temos dito — pois, já o sabeis, carecemos de homens que por si mesmos pensem.

NADA DE OBEDIÊNCIA CEGA

Precisamos de auxiliares capazes de pensar com independência e de julgar por si mesmos, e não propensos a obedecer cegamente.

Pensai sempre em Nós e naquilo que teremos de fazer — e então sabê-lo-eis. Mas não obedeçais cegamente sem compreender.

É melhor cometer um erro usando o próprio discernimento — do que Nos obedecer cegamente; nem seguireis a vossa vontade nem a Nossa.

FÉ

É necessário ter uma fé absoluta. Fé difere muito de obediência cega.

É conhecimento — e vós deveis crescer em sabedoria e compreensão da Lei Divina, que deveis acatar.

Convosco estaremos sempre, se seguirdes as Nossas leis.

Senti a Nossa presença e aumentai a vossa fé em Nós.

Estarei convosco em todos os trabalhos altruísticos destinados a ajudar os homens, vossos irmãos.

Quando Nos chamardes, Nós viremos, derramaremos sobre vós o Nosso amor e vos fortaleceremos. E vós podereis progredir sem vos desencorajardes.

A fonte da força está em vossa fé em Nós. Porque Fé é força.

Mas confiança em Nós não é a principal coisa que tendes a aprender: acima de tudo deveis aprender a ter confiança em vosso próprio Eu.

Confiai em vosso próprio Eu.

Deveis ter confiança em vós e em Nós — e não caminhar ao sabor das opiniões e pensamentos alheios, sejam de quem forem.

Podem ser muito bons para os que os tiverem emitido; vós, porém, deveis confiar em vosso Deus interno.

Confiai em vossos próprios poderes e tornai-os mais positivos.

Não deveis pela dúvida enfraquecer os vossos próprios poderes.

Confiai na vossa intuição — que vos não falhará, se a alcançardes.

Se perderdes a confiança em vós mesmos — perdereis a confiança em Nós.

AMOR: O SEU PODER

Amai ao próximo e confiai nos vossos colaboradores — senão nada podereis concluir.

Amai e confiai em todos.

O amor é a força mais poderosa do universo e tudo existe pelo amor.

Amor é o ritmo de cada átomo, é o pulsar de cada coração. Amor é o brado da alma.

O amor é todo-poderoso. Amai sempre e cada vez mais — em breve tereis o poder criado pelo amor.

Empregai esse poder — compreendereis a força latente no universo. O amor é o Divino em tudo, e quanto mais intenso for o vosso amor, mais a Divindade se manifestará em vós, e através de vós a outros atingirá.

Lei não existe superior à do Amor.

O amor é o poder que dirige o mundo; tudo quanto é feito por sua causa tem atrás de si a Lei Universal.

Não deveis confundir sentimentalismo com amor: só existe amor quando há vontade de prestar auxílio.

Só o amor pode vencer o mal.

Amor é a palavra mágica que leva à liberdade, ao poder e à realização do vosso alto destino.

Nada, senão o amor, permitirá vencer os obstáculos do caminho.

A criação é impossível sem o poder do amor — e o homem deve buscar compreender que o amor é o único poder capaz de redimir o mundo e libertar a alma.

Se o amor não existisse no mundo, como poderia o mundo progredir?

Pelo amor veio o mundo à existência; pelo amor será redimido.

Mas depende dos homens a redenção do mundo.

Nós apenas podemos ajudá-los e apontar-lhes o caminho.

AMOR: O CAMINHO ÚNICO

Só o amor poderá mostrar-vos o caminho que a Nós conduz.

Não penseis um só momento que as outras qualidades têm a mesma importância; se tiverdes todas as outras e não tiverdes amor, não vos podereis unificar com o Nosso trabalho, feito somente por amor.

E se tiverdes bastante amor, as outras qualidades virão no devido tempo.

Amai a todos e a tudo, e cada vez mais de Nós vos aproximareis.

Aprestai-vos e aumentai de valor: um amor cada vez maior é o que indicará o vosso crescimento. E o vosso amor deve crescer até se tornar universal.

Não é bastante ter amor: deveis dar amor — viver amor — tornar-vos amor, até conosco vos unificardes em tudo.

Meditai no amor como a qualidade única pela qual vós podereis ajudá-Lo e que vos conduzirá à Nossa Loja.

Tornar-vos-eis o caminho, se viverdes o amor.

AMOR EM AÇÃO

Fazei do amor uma realidade ao vosso redor — e não algo indeterminado e remoto.

Ei-lo aqui: usai-o, vivei-o, dai-o a todos, sem exceção.

A todos deveis amor — sem observar se atuam ou não de acordo com as vossas idéias.

Todas as almas são para Nós — deveis amá-las como um instrumento Nosso.

Expandi o vosso amor abundantemente e sempre — sem considerar o que os outros por vós possam fazer.

Sede puros e fortes — amai. Sim: conhecer e amar, tal deve ser a vossa inspiração.

Vivei amando eternamente — até que o amor se torne o pulsar do vosso coração, o respirar da vossa vida.

Deveis manifestar amor como a vossa própria vida — e ele é a vossa vida.

Mas deveis identificar um e outro. Nós não podemos por vós amar o mundo.

Para onde fordes, levais convosco o amor.

Amor, sempre mais amor — deve e pode ser vivido pelos Nossos discípulos até que eles se tornem uma expressão viva de amor e de auxílio.

Saturai-vos tanto de amor, que qualquer pensamento não impregnado da sua mensagem abandone para sempre a vossa consciência.

Deixai que o amor se expanda naturalmente através de vós, como o perfume flui da flor; — deixai que todos perto de vós inalem essa respiração divina.

Curai o mundo pelo amor.
Vivei-o primeiro para ensiná-lo a todos.

DOÇURA

Um carinho feito aos outros é um carinho a Nós mesmos feito.

Quando aos outros injuriardes, "embora somente pelo pensamento", ou quando mencionardes seus defeitos, vós Nos ofendeis a Nós, vossos Mestres.

Porque somos todos — um, grandes e pequenos.

A todos tratai com doçura — "sem distinção".

Combatei contra tudo que dos outros vos separa — assim vos tornareis um auxiliar no Nosso trabalho.

Não queremos que qualquer coisa capaz de ofender a outrem seja feita, jamais.

Os Nossos discípulos não devem fazer o que quer que seja capaz de aos outros magoar, embora pareça o melhor e o mais correto.

Não faleis jamais asperamente.

Não deveis abrigar em vossa mente pensamentos maus.

Exteriorizar pela palavra pensamentos dessa natureza muito nocivo é.

Jamais deveis consentir possa um pensamento desses enfraquecer o vosso poder, retardar o vosso progredir para a Loja Branca.

Cerrai as portas da vossa mente quando ali baterem — não permitais nunca que nela penetrem.

Substitui-os por pensamentos amoráveis e de auxílio.

Procedei assim confiadamente — por fim baterão em vão e não voltarão mais.

Sempre e sempre espalhai amor — e sede sempre amorável, gentil e humilde.

Além disso, no que concerne ao Nosso trabalho — o auxílio da humanidade — vós vos deveis tornar capazes de exprimir o Nosso e o Vosso poder, do modo mais completo e mais amplo.

Nós carecemos de auxiliares fortes.

OS REINOS INFERIORES

Reconhecei-os em cada átomo existente em torno de vós — no homem e no animal, no elemento e no ritmo.

Amai a tudo de modo igual.

Segui a voz do amor — e jamais um segundo sequer por outra lei reguleis a vossa conduta.

Amai cada vez mais pura e fortemente — alcançareis assim o coração uno de todos os seres.

Todos os seres são nutridos pelo mesmo sangue vital.

Todos estão ligados tão intimamente, que mutuamente uns sobre os outros influem.

Enquanto entre eles descobrirdes diferenças, existe em vós deficiência de amor, porque o amor é vida em tudo.

Fazei dele a vossa vida — e votai-o a todas as criaturas, sem exceção.

Amai todos os seres vivos. São expressões da vida d'Ele, do Seu amor.

Trabalhai tanto pelos animais como pelos homens.

Ensinai os homens a amar os pequeninos seres desamparados.

"Compaixão por todos os seres" é o que desejamos manifestem os Nossos discípulos: a compaixão vale mais do que qualquer outra coisa no mundo.

— Tudo é Um — e os animais estão justamente tão próximos d'Ele como o mais evoluído dos seres.

O Coração Universal pulsa na menor das criaturas vivas — e o Grande Pai Universal sente e respira em cada vida.

Meditai sobre o Grande Ser, Aquele de que todos os entes são expressão — e senti a vossa íntima correlação com todos os seres vivos.

Ajudai os animais, ajudai as plantas com mais paciência e amor — e assim apressareis a vinda da Luz que Ele trará e para sempre estabelecerá na terra.

Unificai o vosso verdadeiro Eu com o Eu de todos os seres, e senti a vossa Unidade com toda a vida.

Toda a Vida é uma só — somente a forma limita a sua expressão.

UNIDADE

Tornai a vossa consciência una com a vida que palpita em torno de vós e vede-Nos em tudo.

— Todos os seres são partículas de Nós mesmos; a Natureza também o é — e bem assim tudo quanto existe.

Pensai sempre de Nós e de vós como um ser Uno; e também d'Ele, e mesmo do Altíssimo vós podeis pensar assim — como Uno com todos — quer com o menos, quer com o mais evoluído de todos os seres.

Nós todos somos Um: a Chama Divina Única.

Os sentimentos da Unidade e do amor devem tornar-se realidades vivas — e não simples palavras.

Sem amor, jamais a unidade poderá ser compreendida — porque o amor é a unificação com o todo.

O amor altruístico é a integração das vidas numa vida única.

Se não fordes amor, não podereis ajudar o mundo, saturando-o de amor — somente assim compreendereis que o mundo é vós.

Sim, vós o sabeis mentalmente; porém isso não basta.

Vós sois os outros.

E todos vós sois raios da mesma Luz, da mesma vida, e vos deveis sentir unificados.

Sois parte do Uno, em que viveis e respirais, uma centelha apenas do Grande Ser, em Quem vos reconheceis identificados com o Todo.

Compreendei bem a vossa unidade com todos os seres que no grande Ser se manifestam.

Nada vos deve levar a pensar em separatividade.

Vivei em tudo, mesmo nos seres mais insignificantes — e sentireis a plenitude da vida que entrelaça tudo.

Pensai na unidade e focalizai a vossa consciência além das formas passageiras — e vos sentireis um com todos os seres conscientes.

Desejai ver a unidade em toda a manifestação — em breve reconhecereis que a vossa vida está igualmente em tudo.

Compreendei bem a unidade — vivei-a em tudo que de vós se aproxima.

Todos os homens são o Uno. Ajudai o Uno no seu esforço em busca de uma expressão mais perfeita da própria Divindade nos planos inferiores.

A perfeição de uma unidade auxilia o Todo.

DO EU SUPERIOR PARA O EU INFERIOR

Aprendei a fruir a alegria do Grande Ser, esquecendo os vossos interesses, as vossas inspirações, os vossos desejos.

Renunciai ao eu com as suas misérias — e vivei no Grande Eu, manifestado em torno de vós.

Pensai no vosso Eu Superior como sendo também o Eu dos outros.

O Grande Eu é também dos outros.

Emergi das trevas do eu inferior para a luz do Todo, a única existência real que inclui toda a vida.

Não olvideis jamais que sois o Todo; aquilo que aos outros dais, ofertais ao vosso verdadeiro Eu.

Não estais ainda identificados com o vosso próprio Eu, para, no plano físico, saber sempre o que é melhor fazer.

Sede o vosso verdadeiro Eu e não permitais que outras influências vos afastem do caminho.

Não consintais que vos desviem as sutilezas da personalidade.

Esquecei-vos de vós mesmos para alcançar o grande coração que palpita em todos os seres humanos.

Compreendei cada vez melhor a vossa verdadeira natureza e renunciai ao pequeno pelo grande, ao aparente pela fonte de toda a expressão.

Tudo quanto vier do vosso eu inferior trar-vos-á pena e desilusões.

Extirpai a tendência de desejar as coisas por elas mesmas — acima da vacuidade aparente está a glória da vida que tudo abarca.

Oferecei-vos ao Grande Ser que está prestes a aparecer entre vós; servi-O, em vez do vosso pequenino eu.

Ninguém poderá auxiliá-Lo sem amor e sem estar disposto a sacrificar o inferior ao superior.

Trabalhai por Ele e com Ele, até Nele vos integrardes completamente; só vos tornando semelhantes a Ele é que O podereis compreender.

Ele é o vosso verdadeiro Eu superior.

Empregai toda a vossa força lutando contra o poder sedutor da ambição e da ignorância.

Esquecendo-vos de vós mesmos e pensando sempre em Nós, podereis atrair Nossa força, Nosso Poder até o recôndito de vosso ser — porém, somente esquecendo-vos de vós.

Tudo quanto pertence à personalidade deve deixar de ter importância para vós.

Eis o maior auxílio que podereis prestar à personalidade: mostrar-lhe que vos deve obedecer, e sem hesitações.

Deixai seja a vossa personalidade o Nosso servo para executar o serviço exterior; para cuidar dos arranjos no plano físico, a fim de permitir que o Nosso trabalho seja o melhor possível

Reparai na urgência de auxílio, neste período crítico da evolução do mundo — e sede Nosso instrumento a fim de impulsionar a roda da vida, de acordo com o objetivo da Criação.

Preparai-vos para persistir naquilo que fizerdes. A vossa personalidade deve trabalhar, pensar e falar sob o poder diretor do vosso verdadeiro Eu.

Não há engano possível quando o Eu superior é compreendido.

O SERVIÇO

Serviço é palavra de senha no caminho que a Nós conduz; *serviço* prestado carinhosamente e com amor por todos.

Um só pensamento deveis alimentar: como servir melhor, em cada minuto do dia?

Não vos repugne serdes o último de todos os servidores.

Sede humildes como se fôsseis o último dos homens.

Comparai o vosso adiantamento com o Nosso.

Somente executando perfeitamente bem as pequenas tarefas podereis preparar-vos para realizar as grandes obras.

Enquanto somente pequenas tarefas forem trazidas ao vosso encontro, são essas as que de vós esperamos.

Dia a dia deveis crescer em amor e devoção pelo Senhor que se aproxima, e pelo Seu trabalho.

Deixai tudo o mais. Fazei da vossa vida um ato de contínua dedicação a Ele, e vivei somente para Ele, o Bendito Senhor, sem o Qual o fardo do mundo se tornaria insuportável.

Todo trabalho bom e altruístico é Seu trabalho — e ajudando os outros, vós vos fareis um com Ele.

Não imagineis um só momento que outro modo de servi-Lo melhor exista do que ajudando aqueles que surgem em vosso caminho.

Ajudai todos quantos vos buscarem pedindo auxílio; evitai, porém, interferir nos negócios alheios.

Mas enquanto não tiverdes conhecimento desses negócios, melhor é prestar auxílio, até que verifiqueis ser ele inútil — antes do que deixar escapar uma oportunidade em que o vosso auxílio era esperado.

Sede sempre prontos para prestar auxílio.

DAR

Amai e dai. Dai sempre. Muitos de vosso auxílio necessitam.

Cada minuto da vossa vida deve ser uma dádiva a Ele — e ao mundo.

Todos os vossos atos devem ser feitos com o pensamento de ofertar tudo o que sois, tudo o que tendes, a fim de impulsionar o grandioso trabalho de fazer o mundo progredir.

Dai onde for necessário e não para satisfazer vosso próprio prazer.

Dai alegremente aos outros aquilo que para vós mais desejais.

De boa mente cedei tudo, em prol do progresso dos outros.

Fazei da vossa vida inteira um ato de altruística oferenda de vós mesmos, e Nós assim nos tornaremos capazes de vos ajudar a alcançar o caminho.

Dando, jamais perdereis.

NADA PEDIR EM TROCA

O Sol esparge seus raios sem nada pedir em troca. É o exemplo.

Irradiai amor e luz em torno do vosso coração; deixai o amor expandir-se, não procureis fazê-lo recuar sobre vós.

Difundi o nosso amor sem desejar vos seja retribuído.

Trabalhai pelo trabalho em si mesmo e não pelo prazer que vos possa acarretar.

Amai porque podeis expandir amor, e não atenteis ao que o amor vos possa dar.

Esquecei-vos de vós mesmos, nada pedindo para vós — e tudo será vosso, trazido por uma consciência muito mais ampla e mais nítida do que podeis agora imaginar.

NEM MESMO GRATIDÃO

Dai-vos, nada pedi: nem sequer o reconhecimento do bem que houverdes feito.

As demonstrações de gratidão fortificam a personalidade — quer o sintais, quer não.

Purificai o eu interior renunciando ao amor e à aprovação do mundo — não esqueçais que o círculo que mais perto vos rodeia é o vosso mundo: daí provêm as mais amargas lições.

Nada espereis do mundo: a vossa aprovação deve vir do interior de vós mesmos.

Onde há amor, amor verdadeiro, não há lugar para demonstrações de reconhecimento.

Estas preenchem algumas vezes o lugar donde o amor está ausente.

Assim é — não almejeis, pois, provas de gratidão.

Baste-vos o pensamento de que trabalhais pela ultrapotente fonte de todo amor — e por Nós, expressão desse amor.

Somos os vossos juízes — e julgamos tomando em consideração coisas muito diversas das que os homens consideram.

SERENIDADE

Mantende-vos serenos se quiserdes ouvir a Nossa voz.

Para ouvi-la, deveis estar sempre calmos e equilibrados.

Equilíbrio completo de todos os corpos é indispensável ter, se desejais ficar realmente serenos.

Conservai-vos calmos e tranqüilos e constantemente equilibrai os vossos corpos. Podeis conseguir isso pensando em Nós.

Dirigi conscientemente para Nós os vossos pensamentos.

Não conhecemos a impaciência — procurai tornar-vos como Nós.

Fazei isso regularmente e desejai ser calmos e equilibrados — poderemos assim empregar melhor os vossos corpos.

Os Nossos discípulos devem ser equilibrados e firmes como uma rocha: indiferentes às suas próprias perturbações — mas sensitivos e vibráteis ao choque das dificuldades e sofrimentos dos outros.

Que nada perturbe a vossa placidez — "nada": nem aplausos, nem censuras, nem derrotas, nem sucessos.

Mantende-vos equilibrados no prazer e na dor, na alegria e na tristeza, com paciência inalterável e uma fé sempre crescente no vosso próprio Eu Divino.

Deveis fazer tudo conscientemente: nada sem reflexão madura.

Não ligueis importância ao que vos possa acontecer: sede fortes e calmos, e utilizai o Nosso poder — o poder da mente.

Não vos deixeis vencer pela excitação ou nervosismo — porque assim muito pouco auxílio vos poderemos prestar.

Sede tranqüilos e a força do Senhor vos ajudará.

HARMONIA

Deveis ter ânsia de auxiliar todos os seres a se harmonizarem: podeis cada vez mais conseguir isso, harmonizando-vos a vós mesmos.

Purificai o círculo em que viveis, por meio de vibrações de paz e harmonia — e os outros seguirão o vosso exemplo.

Não acrescenteis novas causas de discórdia à balança, cujos pratos do bem e do mal tão difíceis são já de manter em equilíbrio.

Vibrai continuamente a vossa vida sob o impulso de um perfeito espírito de fraternidade.

Compreendei o poder da cooperação harmonizadora; esforçai-vos por vivê-la em toda parte e com todos os seres.

Amor e harmonia são requisitos indispensáveis — e somente pelo seu poder é que um grupo de discípulos pode tornar-se um canal para o Nosso trabalho.

Tempo glorioso será esse em que os trabalhadores do Senhor ao mundo se apresentarem como um ser único, identificados pela devoção e pelo amor por Ele e por todos os seres.

A verdadeira simpatia é expressa localizando a vossa consciência nos outros — e pensando neles com a vossa experiência.

Pensai como eles pensam — e na vossa consciência vede e buscai solução para as suas dificuldades.

Somente enlaçando vossa consciência com a dos outros pode a simpatia ser manifestada.

Trabalhai quanto for possível, a fim de harmonizar entre si os homens vossos irmãos.

PAZ

Uma paz duradoura será o resultado destas guerras. As suas dores usaremos para ensinar ao mundo Nossa lição de amor, porque somente assim pode o sentimento do amor e da fraternidade ser desenvolvido. E, à proporção que o sofrimento crescer, maior será o resultado.

A paz universal em breve será alcançada; todos os meios mediante os quais pode ser conseguida são necessários e por Nós são auxiliados.

Pouco tempo há a perder, e a corrente deve ser dirigida pelo esforço dos próprios homens.

Trabalhai perseverantemente pela paz.

Decuplamente devem esforçar-se nestes dias os trabalhadores — e grande é o poder que podem utilizar.

Pensai na paz espargindo-se sobre o mundo hora a hora, minuto a minuto.

Muito importante é isto, a fim de preparar o Seu caminho e de tornar possível a Sua volta entre os homens.

Senti a paz eterna; vibrai tranqüilamente; espargi paz e serenidade.

Saturai com esses pensamentos os vossos minutos vagos.

Empregai a maior energia possível na vossa meditação sobre a paz.

Impregnai de vossa potente vontade os vossos pensamentos.

Disto é que agora necessitamos — executai-o.

JUSTIÇA

Piedade é a vossa parte — Justiça, a Nossa.

Esquecei a justiça pela piedade — a retidão, pelo amor. Isto para todos — não somente para vossos amigos e pessoas a quem considerais.

Piedade, amor e doçura pertencem a um plano mais elevado do que a justiça.

Somente quando a intuição e a mente se tornarem uma expressão dos poderes divinos, podereis compreender a justiça como Nós a compreendemos.

O fato de haverdes ultrapassado a lei de Moisés, "olho por olho, dente por dente", e de que deveis agora seguir o Senhor de Piedade e Compaixão, ainda não está bem compreendido.

A alma deve primeiramente aprender a lei da justiça, depois aprestar-se a sacrificar a justiça pelo amor — antes de poder exprimir a Justiça Divina que é idêntica ao amor.

Numa só qualidade se integram.

Amai sempre — deixai a Nós a Justiça.

PERDÃO

Tudo quanto os outros vos fizeram — pequenas indelicadezas, injustiças, palavras impensadas — pertence ao "irreal", porque somente afeta à personalidade, ao eu inferior, que é irreal, efêmero.

Tudo quanto fizer crescer o amor, o desejo de perdoar e a doçura, pertence ao "real" — pois atua sobre o vosso Eu Superior, que é real.

Procurai sentir amor por aqueles que vos injuriam, elevando a vossa consciência ao Eu Superior, que é o vosso verdadeiro Eu.

O perdão não mais é necessário onde o amor realmente existe.

Perdoai sempre; pagai o ódio com amor, as grosserias com gentilezas, e mentalmente auxiliai os vossos inimigos.

Auxiliai-os tanto quanto desejais ser auxiliados por Nós.

Enquanto não estiverdes prontos a dar vossa vida por um inimigo, não tereis compreendido a lei da unidade — e a vossa capacidade de ajudar ainda está sob a influência da personalidade.

Fazei aos outros aquilo que desejaríeis fosse feito a vós.

Pensai dos outros com o mesmo sentimento de perdão que cada alma a si mesma vota.

Dai e perdoai, meus filhos.

CRÍTICA

A Nós somente compete julgar — não a vós.

Nós vemos tudo — vós, apenas, uma pequena parte.

Não vos dizem respeito os negócios alheios.

Tendes de corrigir os vossos "próprios" defeitos. Isto é o que cada pessoa tem a fazer em qualquer tempo.

Cada um chega a nós pelo seu caminho peculiar — mas ninguém, só Nós, sabe em que altura se acha.

Não vedes que todos estão se desenvolvendo e em processo de crescimento?

Segui esse método de julgar os outros — e em breve, absolutamente, não podereis mais julgar, porém vereis a beleza do poder divino desenvolvendo-se em todos e em toda a parte.

Tanto os outros como vós são sujeitos a cometer erros. Cada erro trará a sua lição.

Se não os cometêsseis mais, seríeis perfeitos — isso não é de esperar de qualquer de vós.

Pensai nisso antes de emitir qualquer pensamento de crítica.

Deveis cerrar vossa mente antes que qualquer pensamento dessa natureza nela penetre e impressione o vosso cérebro.

Deveis fazê-lo artificialmente, enquanto encontrardes na imperfeição alguma coisa de detestável.

Tomai o vosso caso seriamente em consideração — em breve vereis nos outros o bem e o esforço do Ego para desenvolver os seus veículos.

Não vos deixeis seduzir a fazer julgamentos, trate-se de quem se tratar.

Prejudicareis a vós mesmos e o vosso progresso — se não promoverdes as condições para auxiliar os outros e torná-los melhores.

PENSAMENTOS

Não há pensamentos nem palavras ocultos para Nós.

Observamos sempre todos os vossos pensamentos; eles refletem-se na Nossa consciência.

Vigiai todos os pensamentos, senão o vosso progresso não será tão rápido como o poderia ser.

A vossa mente está sempre cheia de antigas correntes mentais; não lhes deveis dar novas forças.

Novas vibrações deveis despertar em vossa mente, praticando isso diariamente.

Para isso serve a vossa meditação.

A vossa vida e a vossa meditação devem manter-se unificadas — e os vossos pensamentos devem ser puros, para que possam constituir objeto de meditação.

Mantende sempre a vossa mente pura e receptiva ao Nosso auxílio.

Repeli todo e qualquer pensamento que não seja absolutamente puro e altruístico.

Vigiai os vossos pensamentos: são a fonte de tudo quanto em atos se transforma.

Pensai puramente — e os vossos atos serão puros e benéficos.

Restringi os pensamentos maus — deveis deixar que pereçam, sem jamais lhes dar forças novas.

Velhos hábitos de pensar encontram-se entre vós e a luz do perfeito amor; vosso dever é substituí-los por pensamentos amoráveis e de auxílio, até que tais pensamentos se tornem habituais para vós.

Empregai sempre a energia da vossa mente para soerguimento do mundo.

Saturai-a com pensamentos belos — fazendo assim diminuireis a infelicidade na terra.

Vossos pensamentos são vossos filhos — tornai-os belos e úteis para Nós.

Tornai os vossos pensamentos enérgicos e definidos — e No-los enviai como um exército de forças auxiliadoras, que possamos empregar.

Todo pensamento deve ter o poder de restaurar a lei onde houver sido destruída, de restabelecer o equilíbrio onde outros houverem fraquejado.

Todo pensamento deve ser construtivo e auxiliador das forças do bem.

Os discípulos d'Ele devem tornar o Seu trabalho mais fácil — cada pensamento impuro mais difícil o torna.

Os vossos pensamentos a respeito dos outros devem sempre levar consigo alguma coisa do poder d'Ele.

Pensamentos sem valor não podem ser por Ele reforçados. Teria antes de purificá-los com a sua pureza — assim, porém, aumentareis o Seu Trabalho, em vez de aliviardes o encargo que Ele tem a executar.

Tão saturados de amor devem ser vossos pensamentos, que se tornem caudais de forças benéficas em favor do mundo.

PENSAMENTOS INÚTEIS

Cada pensamento inútil corresponde a muita energia desperdiçada.

Não deveis desperdiçar um só pensamento.

Aprendei a conservar as vossas forças: não deveis malbaratar uma só partícula de energia em pensamentos ou coisas inúteis.

Trabalhai para Nós cada pensamento vosso, eliminai da vossa mente tudo quanto seja desnecessário.

Que somente vibrações benfazejas atuem em vosso cérebro.

Tomai o hábito de repelir os pensamentos inúteis, não permitindo jamais que se corporifiquem em palavras e frases.

Não é bastante que não sejam maus os vossos pensamentos: devem ser benfazejos e dirigidos sempre para uma atividade benéfica.

Todo pensamento deve ter um objetivo determinado e ser emitido visando a execução de um certo trabalho.

Toda vez que emitirdes pensamentos inúteis, perdereis oportunidades de auxiliar os outros.

Os pensamentos inúteis são obstáculos ao desenvolvimento espiritual.

DOMÍNIO DO PENSAMENTO

O pensamento é força criadora.

A matéria mental é adequada a construções — compreendereis isto quando começardes a ver nos planos superiores.

Não deixeis o vosso pensamento vagar como um cãozinho; mantende-o sempre sob vosso domínio, tendo em vossas mãos a sua direção.

O domínio do pensamento é o mais importante passo para todas as coisas.

Nada de passividade no que concerne aos vossos pensamentos: mantende-vos sempre em guarda.

Cada um de vossos pensamentos deve alcançar-Nos, para que possamos ligá-lo aos Nossos.

E os Nossos pensamentos cada vez mais distintamente devem ser recebidos em vosso cérebro.

Exercitai, exercitai o pensamento: é capaz de criar.

Exercitai o pensamento com clareza e somente no que possa auxiliar os outros.

Purificai-o, acalmai-o — e procurai eliminar toda espécie de pensamento alheio ao assunto em questão.

Tornai-o cada vez mais sensitivo e puro — e então Nós poderemos empregá-lo sempre.

Os pensamentos puros são materiais para o Nosso trabalho.

Purificai os vossos pensamentos de tal maneira que Ele e Nós possamos utilizá-los.

Purificai-os comparando-os com os Nossos.

Utilizai a vossa mente e o vosso pensamento na máxima capacidade do seu poder — e muitos pontos obscuros se tornarão claros e compreensíveis.

O vosso Ego pode ser alcançado, concentrando o pensamento.

Concentrai-vos sobre aquilo que fazeis, ouvis, estudais ou ledes.

É enorme o poder do pensamento.

Usai-o conscienciosamente agora, em atenção a Ele.

Empregai-o sempre em auxiliar o mundo.

Perdido é o dia em que não tiverdes exercitado a vossa mente para pô-la em condições de ser usada por Nós e por Ele.

SILÊNCIO

Os vossos atos e não as vossas palavras provarão o grau do vosso desenvolvimento.

Aprendei a guardar silêncio.

Falai pouco — e auxiliai os outros.

São estas coisas que deve aprender um discípulo do Mestre.

Não podereis ser instrumento Nosso enquanto não tiverdes aprendido e aplicado bem a lição do silêncio.

Mais prudente é guardar silêncio do que falar, quando falar é desnecessário.

Usai os vossos lábios somente para auxiliar os outros — porém não para vosso prazer e interesse.

Vossa disciplina deve ser vigiar todas as palavras; sim, todas as palavras.

Aprendei a ouvir quando os outros falam — e com a força mental ajudai quem fala.

Não procureis brilhar, nem falar aos outros a respeito de vós, se não tiverdes certeza de que assim procedendo ajudais aos outros — o que raramente acontece.

Nada de maledicências, mesmo quando possa parecer comentário inofensivo.

Falai dos outros somente quando puderdes ajudá-los ou defendê-los na sua ausência. Não deveis dizer dos outros o que não desejaríeis que eles ouvissem.

Se dominardes as palavras antes de passarem por vossos lábios, ajudareis a vós mesmos e aos outros — e, procedendo assim, trabalhais para Nós, porque Nós somos os outros.

Deveis ser colaboradores ativos e silenciosos das forças da Luz.

Mantende-vos calmos e ativos: calmos no trabalho exterior, ativos em buscar-Nos.

Exercitai-vos enérgica e perseverantemente — em breve vos tornareis hábeis em dominar tanto a palavra como o pensamento.

A VERDADE

Tudo o que tende à união é verdadeiro — é falso tudo o que leva à separatividade.

Não é bastante que uma coisa seja verdadeira: para que se possa repeti-la, é necessário que também seja benéfica.

Uma coisa pode ser verdadeira e afável — porém se dizê-la não presta auxílio a outrem, fazê-lo é desperdiçar energias.

Nunca se deve dizer uma coisa que não se saiba ser verdadeira.

Sede verdadeiros no falar e no pensar.

Sede cuidadosos em tudo que fizerdes — verdadeiros e exatos em vossas ações, palavras e pensamentos.

Se o não fordes, nunca podereis ser incumbidos de um trabalho importante.

Pensai cada hora na Verdade, de que o Senhor é o símbolo vivo.

Fazei com que a Verdade brilhe através de vós.

Manifestai aquilo que em vós existe, aquilo que vós sois — tudo mais é falso.

PUREZA

Mais puros do que a neve devem ser os vossos sentimentos.

Tornai-vos puros — puros como tudo quanto é mais puro do que sois agora.

Quereis ser puros — Nós vos ajudaremos.

Consegui-lo-eis se tiverdes fé — em Nossa força e em Nossa vontade de vos ajudar.

O vosso primeiro dever para convosco e para com o mundo é purificar os vossos pensamentos.

Devem ser dignos de chegar até Ele, e de servir de veículo à Sua força.

Quanto mais puderdes imprimir pensamentos elevados e puros em vosso cérebro, tanto mais fácil vos será vivê-los — isto resultará daquilo.

Purificai os instrumentos; através de um instrumento maculado Minha luz não poderá brilhar.

Quanto mais puros os instrumentos, melhores utensílios para o Nosso uso.

Purificai os vossos três corpos — e senti o poder de exprimir o amor crescendo através de vós.

Tornai-vos como um límpido cristal, através do qual possa a Sua luz passar e iluminar o mundo.

Tornai-vos puros como a luz vivificadora que do Seu Ser sobre o mundo se expande.

Mantende-vos sempre sob o raio da Sua gloriosa luz purificadora.

Vivei no Seu mundo de pureza e de luz.

SAÚDE

Preparai um instrumento forte para o Nosso uso — que se não esfacele ao influxo da Nossa força, quando quisermos empregá-la na Nossa grande Obra.

Ajudar-vos-emos a prepará-lo, tanto quanto o vosso karma o permita.

Deveis, porém, restaurar o que outrora estragastes; vós mesmos deveis desfazer os resultados da irreflexão e ignorância.

Um corpo forte que possa suportar o adestramento e o trabalho é que esperamos obtenhais, se Nos quiserdes servir e empregar Nossas forças em auxiliar o mundo.

Utilizai o vosso senso comum, que vos mostrará que o vosso instrumento deve ser afinado antes de poder ser empregado em executar qualquer coisa para Nós.

Deveis examiná-lo por amor de Nós — e cuidar dele, tendo em vista que Nós o queremos bem forte.

Fortificai-o e tornai-o puro e digno de confiança.

Tudo dependerá dos vossos próprios esforços.

Trabalhai de acordo tanto com as leis físicas quanto com as espirituais; procurai viver de conformidade com elas.

Uma nas outras se refletem; ambas são manifestações do mesmo Ser.

Estudai as leis — acompanhai os seus efeitos na matéria física.

A lei tem de ser mantida em todos os planos.

Uma falta espiritual influi mais do que uma falta física— as reações produzidas vo-lo demonstrarão.

Mesmo as pequenas ações produzem por fim enfermidades — muitas ações causam perturbações.

Os próprios Mestres dão descanso aos Seus corpos e obedecem às leis da matéria física.

Não deveis rejeitar as alegrias e divertimentos puros.

Tomai algum tempo para repousar no campo: sol e ar são os elementos necessários para a cura.

Dominai a fraqueza do corpo pela calma e equilíbrio.

Cercai-vos de vibrações rítmicas — transmiti-as aos outros.

Pensai retamente — e podereis obter melhores condições físicas.

Pensai no belo — e vos resultará melhor saúde.

Pensai na força — forte vos tornareis.

Querei o vosso corpo forte — e esforçai-vos para torná-lo assim.

Querei ser forte "a fim de ajudar os outros", e logo a saúde vos virá.

FORÇA

Crescei em força "interna" e a "externa" vos chegará quando dela necessitardes para o Nosso trabalho.

A força de todo o mundo está aqui para vos ajudar.

Uma força existe que sempre pode ser sentida e vivida: a da vossa própria divindade.

Manifestai-a cada vez melhor — e o vosso corpo em breve obedecerá ao seu dono.

Não espereis jamais poder utilizar em dois caminhos diferentes o conjunto de forças de que dispondes.

Empregai-as somente no trabalho do Senhor, e isso tornará o Seu caminho mais fácil.

Aprendei a economizar energia: aprendei a utilizar vossas forças para melhor vantagem "dos outros" e não vossa.

Poupai forças nas coisas de pouca monta — assim as tereis à vossa disposição quando as necessitardes.

Guardai a força em vós mesmos, e não a despendais demasiadamente nas circunstâncias externas.

Vinde a Nós pela vossa própria força: derribai os obstáculos que encontrardes no caminho.

Combatei sempre, perseverantemente, para executar aquilo que vos for apresentado pelo Nosso poder.

Tende-Nos sempre em vossos pensamentos e atraí Nossas forças para vós.

Aprendei a usar Nossa força, em vez de empregar a vossa. Desta forma podereis ajudar mais.

Empregai criteriosamente a força de que dispuserdes — e outras forças mais vos serão dadas.

GOVERNAI OS VOSSOS CORPOS

Vigiai os vossos corpos. Aprendei a dominá-los.

Ensinai-lhes a obedecer à vossa vontade.

Usai o vosso poder para dirigir as forças que através deles atuam.

Aprendei a vos separar dos vossos corpos inferiores e, sem perder o domínio sobre eles, empregai-os como instrumentos vossos.

Destinai cada dia algum tempo para isso e considerai vossos corpos como existindo somente para vosso uso.

Procurai viver uma vida acima de vossos corpos — exercitai-os a obedecer conscientemente ao vosso verdadeiro Eu.

Mantende-vos serena e firmemente resolvidos a deixar-Nos trabalhar através dos vossos corpos.

Possuindo um corpo físico forte, melhor podereis dirigir os outros.

O físico, por si só, não vos pode predispor à execução de um bom trabalho. Os outros também devem ser tão fortes que, mesmo em sonho, nenhuma influência externa possa dominá-los.

O corpo astral deve ser mantido equilibrado e tranqüilo.

Acalmai também o vosso corpo mental — fazei-o repetidas vezes: ele carece disso.

Não confundais nunca os desejos dos vossos corpos astral e mental com a vossa Voz Interna.

Fazei um esforço definitivo para distinguir a intuição dos atos impulsivos.

Se mantiverdes os vossos corpos inferiores sob constante domínio, não tereis dificuldade em fazer tal distinção.

Não vos deixeis arrastar por impulsos sem altos objetivos.

ALEGRIA

A alegria é o vosso melhor médico: vivei na alegria e na força.

Uma alegria serena é qualidade que auxilia mesmo no maior sofrimento.

Forças novas fluirão sobre vós quando aprenderdes a corresponder à luz e ao brilho da vida, que deve ser expressa pelos Nossos discípulos.

Sede fortes e alegres no trilhar o vosso caminho para cima — e não permitais que as coisas pouco importantes enfraqueçam a vossa perseverança no esforço de subir.

Tende esperança e sede fortes.

A vida flui através de vós, em toda sua luz e força.

Mantende-vos sempre de bom humor — e não olheis o passado com tristeza ou julgando que ele poderia ter sido melhor.

O erro grave está somente em cessar de combater. Tudo mais é crescimento, embora não pareça.

Mantende-vos alegres e não vos preocupeis — Nós estamos convosco.

FELICIDADE

Pensai sempre na felicidade dos outros — e fazei o que puderdes para aumentá-la.

É o que deveis fazer — sem nada pedir para vós, dando tudo o que tiverdes para diminuir as necessidades e sofrimentos alheios.

A felicidade existe na doação voluntária do que é nosso aos outros.

Focalizai vossa consciência no esforço de diminuir a ignorância e a crueldade do mundo — auxiliando os poderes que trabalham pela alegria e felicidade da humanidade transviada.

Tornai-vos um foco de luz e fazei o mundo mais feliz pela vossa presença.

Assim trabalhareis para Nós.

Tende sempre pensamentos felizes; já existe no mundo tristeza bastante.

Transformai as vibrações de tristeza em vibrações de alegria.

Melhor do que tudo, a natureza poderá ajudar-vos a conseguir isso.

Aproximai-vos dela; é vossa Mãe: aspirai o seu alento vital e unificai-vos com os raios do sol.

Ide por montes e serranias e em uníssono vibrai com a sua força e alegre serenidade.

Deixai que a vossa vida e a dela se fundam em uma só vida — e se interpenetrem da alegria e beleza naturais.

A vida é digna de ser vivida, se vos elevardes acima das limitações criadas por vós mesmos.

Amai os outros — e neste amor sentir-vos-eis felizes.

CONTENTAMENTO

Ousai viver, querei dar e receber vida; vibrai de alegria.

Fazei da vossa vida um raio de contentamento para os outros.

Sede felizes e fortes — e senti-vos gratos por serdes hábeis para trabalhar por Ele, o Senhor de toda glória e de toda alegria.

Tornai-vos espargidores de luz, difundindo entre todos a Sua mensagem de luz e de glória.

Trabalhar por Ele é contentamento e felicidade, e jamais deve ser considerado como um dever penoso.

Senti-vos contentes e fortes — e pensai em coisas belas e no trabalho que deveis fazer.

Aumentai o amor e a beleza do mundo; concorrei para que os outros sintam a beleza do amor e da ternura.

A vida é alegria e força, poder e plenitude — e a humanidade deve aprender como a vida se exprime em toda a sua gloriosa grandeza e formosura.

O amor supremo deve reinar — a pureza e exaltada alegria devem encontrar plena expressão entre os homens.

Vibrai de alegria — alegria de ajudar os outros.

Espalhai contentamento e sentimentos bons em torno de vós, e influí sobre quem encontrardes, de forma a torná-lo melhor e mais forte.

Os nossos discípulos devem ser como raios de sol: vivificadores e luzentes para aqueles com quem tiverem contato.

Em dar — consiste a alegria real da existência.

Aprendei a viver contentes — e a corresponder ao amor Divino, que é alegria e poder e a todos os seres satura.

Sorri com os céus — cantai com os pássaros — respirai com as flores — e amai com o amor de Deus.

NÃO VOS LAMENTEIS

Não aumenteis os sofrimentos do mundo, lamentando-vos.

Pensai sempre nos outros — e fazendo assim esquecei as pequenas causas de desgosto...

Somente ansiedades e desgostos egoísticos acarretam os sentimentos de depressão.

Pertencem à personalidade, que está esperando sempre coisas para si mesma.

Vencei as influências do meio: pertencem ao passado e não devem ter capacidade para vos subjugar.

Pensai em Nós, vossos irmãos mais velhos, quanto devemos carregar sobre os ombros — entretanto não nos lamentamos.

Pensai no vosso Mestre, sempre feliz e contente, e do qual sois parte.

Lembrai-vos que em Nosso mundo são desconhecidos o descontentamento e o abatimento.

Avançai com a natureza. Contemplai as árvores, flores e frutos e sede unos com elas.

Não lamentam a vida; amam-na — fazei o mesmo.

De nada vos deveis queixar — pois tudo quanto vos acontece obedece a um objetivo Nosso.

Não sabeis que tudo que Nós fazemos é bem feito — e que vós não podeis mudar a ação da lei destinada a agir de determinado modo?

Sempre junto de vós estamos; nossas forças podem ser usadas por vós — se vos não deixardes deprimir e enfraquecer.

Não vos desencorajeis em vossos esforços para compreender a Lei.

Fazei o melhor que puderdes — deixai o resto a Nós.

Não vos lamenteis, não vos sintais deprimidos — assim não vos poderemos ajudar.

VONTADE

Há uma só vontade — deveis aprender a erguer-vos até essa Altíssima Vontade, que é a do Eu de Tudo.

A Vontade é o alicerce sobre o qual o mundo se firma.

Desenvolvei esse poder — e sabei que vós sois vontade e sabedoria.

Nada existe que o Deus interno não possa executar.

Nada é impossível quando a vontade é dirigida com perseverança e compreensão.

A vontade é todo-poderosa.

Existe em vós — manifestai-a.

Fazei "um grande" esforço — e velhas formas de pensamentos e hábitos antigos desaparecerão, como as trevas ante o sol.

Quebrai as formas de antigas causas — e tornai-vos o construtor de todas as coisas.

Tereis êxito se conhecerdes o vosso próprio poder.

A vossa vontade e decisão de escolher o bem e o puro são bastantes para Nos atrair para vós.

Jaz na vossa vontade o vosso destino.

Tende vontade firme — e sede receptivos.

Estaremos sempre em vossa consciência — e saturaremos tanto vosso coração como a vossa mente.

Ligando a vossa consciência à Nossa não deveis perder a vossa vontade individual, pois a nossa verdadeira vontade é o Eu.

A vossa verdadeira vontade compreende, e é sabedoria.

Esforçai-vos, esforçai-vos e esforçai-vos — e querei, querei e querei.

Sereis ajudados por Nós — mas deveis amar e querer.

TRABALHAI!

Trabalhai — e mostrai o vosso amor pelo trabalho.

Trabalhai! Uma só palavra existe: trabalhai — trabalhai para Ele.

Fazei o vosso trabalho, oferecendo-o a Ele.

Fazei o vosso trabalho com alegria e gratidão em vosso coração.

Trabalhai perseverantemente: pelo pensamento, pela palavra, pelo ato — influenciareis assim os que vos cercam e criareis puras condições em torno de vós.

Deveis trabalhar, trabalhar e trabalhar incessantemente pelos outros, pela humanidade.

Trabalhar altruisticamente deve ser o vosso constante pensamento.

O pensamento exclusivo do trabalho deve ser tão forte, que expila os pequenos sofrimentos e males. E estes não devem ser tomados em consideração; não passam de meios para manifestares a vossa força crescente.

Procurai trabalhar com todos e unificados com tudo.

Vigiai as pequenas oportunidades e vos aprestareis para as grandes, quando fordes chamados a enfrentar grandes e cada vez maiores possibilidades.

Há muito trabalho pequeno a ser empreendido e executado, antes que surjam os grandes.

Todos os dias tendes oportunidades de auxiliar os outros a suportar a sua carga, e de fazer as suas vidas mais fáceis e mais felizes.

Fazei "tanto quanto puderdes" e "tanto quanto vos parecer acertado".

Trabalhai e trabalhai tanto quanto puderdes fazê-lo — e descansai suficientemente, para executar outros trabalhos depois.

Quando o Nosso trabalho o exigir, então a Nossa força se manifestará para executá-lo.

Vivei para o trabalho que puderdes executar para Nós.

Esforçai-vos perseverante e constantemente para vos unificardes com o Nosso amor — assim, Nós, por vosso intermédio, a todos poderemos ajudar.

Não há esforço demasiadamente grande para aos outros transmitir o Nosso amor.

Fazei que o Nosso amor sobre todos influa. Transmiti a todos os seres.

Fazei do amor o motivo de todos os vossos atos e palavras.

Trabalhai, trabalhai constantemente.

Milhares de meios existem para ajudar o Senhor.

Cada minuto que passa pode ser empregado nesse mister.

Cada dia encontrareis trabalhos a executar, em que antes não havíeis pensado.

Usai de discernimento em tudo o que fizerdes — e eliminareis ocupações que vos desperdiçavam energias.

Jamais dizemos aos Nossos colaboradores qual é o trabalho mais urgente a executar. Eles têm de mirar em torno de si mesmos e fazer aquilo que as circunstâncias exigem.

Trabalhai — incalculável quantidade de trabalho espera ser executada por aqueles que para isso se aprestam.

Glorioso é o Nosso trabalho — o seu alcance está acima da vossa concepção.

Está em crise o mundo, e na preparação da volta do Senhor muito trabalho difícil há para executar.

São os discípulos empregados segundo o máximo de suas forças, e todos os esforços são intensificados.

Nenhuma oportunidade deveis perder: somente poderemos ajudar aqueles que são capazes de se entregar ao Nosso trabalho.

A mais importante das coisas é o serviço humilde; dar tudo, nada pedir, trabalhando sem considerar se o resultado da ação é louvor ou vitupério.

O tempo urge. Exatamente por isso aproveitamos todos os esforços dirigidos para o bem.

É hora de trabalhar para Ele.

Ide aonde puderdes para executar o Seu trabalho.

Esforçai-vos para que o mundo compreenda a Sua aproximação.

Caminhai — e fazei coisas que apressem a vinda do Senhor.

III
AVANÇANDO SEMPRE

*Abandonai o vosso mundo de frívolas fantasias
e entrai na posse do poder da grandeza.*

VIVEI A VIDA

Já sabeis quais as qualidades necessárias: praticai, pois, aquilo que aprendestes.

Fazei sempre o que de mais elevado puderdes fazer.

Não esqueçais que colhereis o karma daquilo que fizerdes — e que quando desobedecerdes a qualquer dos ensinamentos a vós transmitidos sofrereis as conseqüências dessa falta.

Todos os vossos esforços devem ser no sentido de ajudar a evolução e difundir luz e amor.

Não falhará jamais esforço algum feito para apressar a evolução em busca da luz e da verdade.

Procurai servir-Nos — e, servindo-Nos, mais vos aproximareis da Nossa sabedoria e do Nosso amor.

Esforçai-vos para compreender a Lei, trabalhai de acordo com ela, vivei com ela em harmonia — utilizai-a para o vosso crescimento.

Aprendei a sentir o poder da Lei e a beleza do Amor.

Obedecei ao vosso coração e não leveis em conta as conseqüências disso.

Considerai o cérebro, o coração e as mãos como a Trindade em vós mesmos — jamais vos enganareis se os deixardes trabalhar unificados.

Não desperdiceis vosso tempo em futilidades.

Não dissipeis energias em dar forças a coisas que sabeis se erguem entre vós e a plena expressão do vosso verdadeiro Eu.

Desprezai as pequenas coisas — tornar-vos-eis capazes de perceber as grandes verdades.

Criai um mundo inteiramente novo de pensar e de agir — e executai somente as coisas dignas de ser feitas po Nossos discípulos.

Vivei segundo a Nossa lei: Amar! — o resto vos virá no devido tempo.

ASCENDENDO

Poucos são os nossos discípulos — muitos para isso se esforçam.

Vós que tendes desejo de ajudar o mundo, não hesiteis em utilizar os meios que vos auxiliarão a conseguir o vosso objetivo.

Erguei-vos até Nós — nada é impossível.

Erguei-vos até Nós — auxiliando os outros, expandindo amor e compaixão.

Transformar-se deve o vosso ser num laço entre os outros e a Luz — e cada palavra deve exprimir o Nosso amor e o Nosso auxílio para todos os capazes de os receber.

Esforçai-vos diariamente para Nos alcançar, e vivei em Nosso mundo.

Não imagineis seja o trabalho interno menos importante do que o externo: deveis ser, antes de poderdes dar.

Procurai obter — a fim de poderdes dar.

Desejai e, mesmo, ambicionai poderes espirituais — a fim de ajudardes com eles os outros.

Tudo vos será dado.

Ajudai sempre — e confiai no Deus interno

Sede fortes e decididos, e reconhecereis, cada vez melhor, a vossa unidade conosco.

Deveis tornar-vos unos conosco e com o Nosso trabalho neste mundo de sofrimento e confusão.

Reparai na instabilidade dos objetos físicos — reconhecê-los-eis dotados somente de realidade temporária.

O irreal não deve por mais tempo ter poder sobre vós.

Elevai-vos acima dele — vivei no eterno.

Elevai a vossa consciência até poderdes ouvir e compreender a Nossa voz.

Fazei isso quando em algum trabalho Nosso estiver presa a vossa atenção; fazei-o quando estiverdes em contato com os vossos irmãos.

Esforçai-vos por fazê-lo amiudadamente, até que o possais fazer "sempre".

Sim: elevai até Nós a vossa consciência — e Nós baixaremos até vós. Baixamos ao vosso mundo toda vez que podemos ajudá-lo.

Podeis por Nós clamar sempre que precisardes de auxílio e força.

Pela vossa pureza e altruísticos esforços reduzi a cinzas as escórias que da Luz Divina vos separam.

Buscai a luz sempre e sempre: está perto de vós — e dela uma centelha vós sois.

Desenvolvei vossas forças interiores — vivei nos corpos superiores do vosso ser.

Doravante, dai-nos vossa vida inteiramente.

SEDE UM CANAL

Abri-vos às Nossas forças — somente assim poderemos agir através de vós.

O vosso trabalho é purificar e ampliar o canal através do qual Nós — que somos o vosso verdadeiro Eu — podemos agir no vosso mundo de sombras.

Cada vez mais puro, mais forte e melhor tornai esse canal, para as diversas formas da Nossa expressão.

Extirpai todo desejo egoísta. Nada desejeis para vós — e em breve para Nós sereis um veículo muito caro, através do qual a Nossa luz sobre o mundo refulgirá.

Tornai cada vez menor a vossa pequena personalidade — e deixai possamos manifestar cada vez maior poder de expressão nos seus veículos.

Assim poderemos manifestar neles cada vez maior porção de Nós mesmos — e dar a todos os Nossos instrumentos tanto quanto a eles puder chegar, através de vós.

Quanto mais a Nós vos abrirdes, tanto mais sereis ajudados em "ver, compreender e sentir" que Nós somos vós e vós sois Nós.

Vós sois Nós. Nós somos vós — e tanto mais assim seremos compreendidos quanto mais concorrerdes para que Nossas forças até aos outros fluam através de vós.

Buscai-Nos — Unificai-vos conosco — Vivei a Nossa vida!

Meditai sobre a vossa unidade conosco. Quanto mais o fizerdes, tanto melhor poderemos trabalhar através de vós e vos ajudar.

Não poupeis esforços para alcançar o vosso objetivo.

Esforços infatigáveis transformarão o desejado em obtido.

Não hesiteis — sede fortes.

O MESTRE E O DISCÍPULO

Pensai em Mim como no vosso Mestre, pronto a vos ajudar, e como vosso Eu superior, que é vós mesmos.

Integrai-vos cada vez mais em Mim.

Deveis tornar-vos Eu, como Eu sou Ele.

Quanto ao aspecto superior, vós e Eu somos Um.

A vossa mente conservai fixa em Mim.

Oferecei-vos cada vez mais às Minhas forças — e a vós mesmos considerai como um instrumento que Eu estou manejando.

Senti-Me sempre convosco.

Procurai manifestar-Me ao mundo que Eu amo.

Considerai-vos sempre em Minha presença — e senti o Meu contato em tudo que sentirdes e pensardes.

Obedecei ao mínimo sinal Meu — aprendei a ouvir-Me no seio mesmo do máximo torvelinho da vida física.

Estai atento e somente pensai em Mim, como vos falando dentro do vosso coração.

Estou sempre ali.

Quando um discípulo é aceito, um canal se abre através do qual o Mestre com ele se pode comunicar.

A missão do discípulo é ampliar cada vez mais esse canal, torná-lo maior pelo seu próprio esforço — assim maior parte do seu Mestre a ele pode chegar.

Não consintais seja de vosso lado obstruído esse canal por velhos pensamentos e costumes incapazes de Me atingir.

Aspirai constantemente por Minhas forças; assim fazendo, cada vez mais amplo se tornará o canal, e maior porção de Mim a vós poderá chegar.

Mantende-vos sempre acessíveis aos Meus poderes — dos quais tanto maior quantidade a vós chegará quanto mais puderdes empregar em vossos veículos.

Não olvideis jamais — Nossos veículos sois no mundo dos homens.

Resolvei-vos firmemente a vos tornar uma expressão de amor e de proteção onde vos achardes.

O Nosso amor pelos Nossos discípulos muito maior é do que podeis imaginar.

Irradiai esse amor no mundo e vos transmitiremos sempre uma quantidade maior dele.

Sede uma chave mediante a qual possam os outros entrar no reino de pureza e amor altruístico que é o Nosso mundo.

Deveis fazer tudo quanto aos outros puder ajudar a perceber a beleza e a pureza do Meu mundo.

O discípulo deve ser capaz de se manter sozinho — sozinho com o seu Mestre.

Muitos anos podeis passar sem Me verdes e sem Me ouvirdes, até mesmo sem sentirdes a Minha presença — porém estarei ao vosso lado, sempre o mesmo.

Estou com os Meus discípulos em todas as suas tentativas, experiências — jamais de vós Me afastarei, percebais ou não a Minha presença.

Estou sempre onde Me procurardes — quer reconheçais, quer não a Minha presença.

Nada se pode erguer entre vós e Mim.

Não vos podeis separar de Mim, se seguirdes a voz do amor e do altruísmo.

Sei que são difíceis todos estes esforços — empregai, porém, a vossa vontade e crescereis constantemente.

Não temais as forças negras.

Encarai a Luz — sede a Luz; elas e a Luz jamais conjuntamente se manifestam.

Vivei a Minha vida — pensai os Meus pensamentos; fazei o Meu trabalho.

Tornai-vos um exemplo vivo das qualidades superiores — fareis assim o mundo mais feliz, mais puro e melhor.

Protege-vos o Meu amor.

O CAMINHO

Em amor e auto-sacrifício crescei, vivei para os outros; tornai-vos úteis aos outros — este é o Caminho.

O Caminho é o caminho da Cruz — suportadas devem ser as suas aflições por todos aqueles que semelhantes a Ele querem ser.

Muito tereis de sofrer em cada passo que dela vos aproximar.

Pensai naqueles que o mesmo Caminho têm trilhado, antes de vós, e nos que hão de vir depois de vós — não mais hesitareis.

Avançai corajosamente — deixai que o vosso amor por Nós bastante grande se torne, para travar o combate.

Não sentireis as agruras da peleja se tiverdes para Nós voltada a vossa consciência.

O caminho é alegria e força. A cada passo que avançardes, melhor sentireis seu poder.

A alegria da consciência eterna aguarda ao cansado peregrino após cada vitória sobre o poder da matéria.

Sede fortes — não vos desespereis jamais.

O CAMINHO PARA A LOJA BRANCA

Todas as possibilidades tendes convosco para atingir o Adeptado (¹). O vosso dever agora é transformá-las em realidade e manifestar as qualidades que até ao Adeptado vos levarão.

Desenvolvei os poderes inerentes ao vosso Eu.

Procurai exprimir tudo aquilo que aguarda manifestar-se.

Ousai — ousai — ousai!

Precisamos de auxiliares que ousem enfrentar os obstáculos e ajam por Nós.

Conhecei-vos tanto quanto Nós vos conhecemos — preparai-vos para aquilo que de vós esperamos.

Olhai para todos os homens como expressão da Vida Divina; eles serão, dentro de algum tempo, aquilo que agora somos.

Este deve ser o vosso objetivo atual: tornar-vos aquilo que Nós somos.

Desejosos estamos de vos ver prontos para isso.

O mundo anseia por ver executado o Nosso trabalho.

Cada dia que passa, um bom trabalho deve ser para Nós realizado.

Pensai em Nosso objetivo, em Nossa aspiração de ajudar a humanidade — e sabereis sempre o que tendes a fazer.

---

(1) Para o ocultista, Adepto é quem atingiu a Quinta Iniciação e para o cristão, é quem alcançou a "estatura espiritual de Cristo". (N. da Ed.)

Não podeis falir jamais, trabalhando como um de Nossos instrumentos.

Esforçai-vos cada vez mais energicamente para vos tornardes dignos de ser utilizados por Nós.

Não é feito em vão aquilo que é feito com este objetivo: aproximar os outros da felicidade e do conhecimento.

A vida deve ser usada em todas as suas potencialidades.

Vida — vida para sempre gloriosa, deveis procurar exprimir — e sentireis logo o seu poder vibrar através de vós.

Iluminado está o vosso caminho.

Avançai com toda vossa força e usai vossa energia em ascender firme e perseverantemente.

Esforçai-vos para bem compreender a Unidade, que perfeitamente deveis sentir antes de se realizar a Iniciação.

Aberta a porta e entrevista a Luz, tudo mais fácil se torna.

Trabalhai com todas as vossas forças, a fim de encurtar o caminho que vos separa do momento em que pronunciareis a palavra pela qual tudo deve ser posto de lado.

Dai força a tudo aquilo que deveis saber executar com maestria, antes de poderdes entrar na Loja Branca, como um membro de Nossas fileiras.

Batestes a porta — agora trabalhai; e a Irmandade receber-vos-á quando com bastante perseverança trabalhardes.

A iniciação é o coroamento dos esforços pessoais. Duplicai vossos esforços.

Erguei vossa mente: consegui-lo-eis.

Sabeis o que de vós se espera — executai-o, pois!

Ó FILHOS DA LUZ!

Cumpri a vossa missão, ó filhos da Luz!

Não hesiteis em quebrar as algemas do passado.

Trilhai o caminho do poder e da realidade, desvencilhando-vos das cadeias do egoísmo.

Elevai os vossos olhos para a luz do amor e da sempiterna beleza, e segui-O; o vosso Guia é Deus, no caminho da redenção e da liberação.

Compreendei bem o vosso Eu interno, escutai a voz da Misericórdia celestial, que por todos pode ser ouvida — e brevemente habitará em vós.

Ó vós que tendes ante os olhos um divino destino — abri os vossos corações ao Seu amor. Destruí a crosta de ignorante egoísmo que envolve o vosso coração. Dai liberdade ao vosso Deus que ali jaz aprisionado, obedecendo assim a ânsia de amor que freme em cada peito e em todo átomo pulsa.

Recebei-O, preparai-vos para a Sua aproximação cheia de luz, e sede dignos dos vossos direitos e privilégios.

Em tudo que fizerdes, cantai os Seus louvores; manifestai o Seu amor em todos os vossos contatos; vivei a Sua Lei de conhecimento e unidade. Assim vos tornareis aquilo para que viestes a este campo de manifestação.

A infância passou.

Encarai de frente as dificuldades a vencer — e combatei pela vossa libertação com uma energia semelhante à do Cristo e uma perseverança capaz de vencer tudo.

Em torno de vós olhai — vede-O em tudo.

Estai atentos — podereis ouvir o Seu apelo: DESCOBRI-VOS E TORNAI-VOS O QUE REALMENTE SOIS.

O QUE DEVEMOS ENSINAR

★

por C. JINARAJADASA

INTRODUÇÃO

Eis o que vós e eu devemos ensinar aos nossos semelhantes menos evoluídos que nós.

Diariamente, com nossos pensamentos, palavras e ações, devemos levar aos seus corações a alegria que nos foi transmitida.

Assim como o ÚNICO nos concedeu a alegria, devemos conduzir milhões de seres a Seus pés, para que de Sua mão recebam alegria semelhante.

Desse modo, trabalharemos em nome d'Ele, firmando um voto que nunca deverá ser quebrado.

MENSAGEM

Amigo e camarada,
Senhor e Deus,
Luz que não tem sombra,
Meta deste longo caminho que eu trilho,
Bondoso coração sobre a cruz pregado!
Este que por Tua vontade nasceu,
Lança-se a Teus pés;
A Ti a rosa, a mim os espinhos.
Assim eu Te dedico este dia.
Épocas e épocas passam, névoas de fogo e nebulosas, estrelas e satélites, minerais e plantas, animais e homens aparecem e desaparecem. São apenas sonhos da Sua bem-aventurança, almas de Si mesmo. Porque Ele planeja uma oferenda para a Sua bem-aventurança, e milênios de trabalho são precisos antes que esta oferenda possa estar pronta como dádiva de Seu amor. Mas Ele sabe que o dia virá e até que este chegue, sonha-o em nós e através de nós, esperando que cada um compreenda que o amado e o amante são um Único, exclusivamente Um.

I

O AMOR QUE É FORÇA

1 — O Único que ama

Em todos os reinos visíveis e invisíveis só existe um Ser: Aquele que ama tudo que existiu e sempre existirá.

Os homens O chamam por vários nomes: Senhor e Deus, Logos e Redentor, ou Deusa Sabedoria, e alguns ainda, Senhora do Lótus, Rainha da Pureza. Sua é toda a vida que existe.

A menor vibração que temos de força é derivada de Sua vida. E tanto o mais poderoso Salvador dos homens, a cujos pés milhões de seres se prostram, como o ente mais humilde respiram a Sua vida com o Seu amor.

Através de todas as coisas, através da força, da matéria, da vida e da consciência, Ele ama. O mundo inteiro não é senão um fenômeno e uma manifestação brilhante do Seu amor.

Ele exerce o Seu amor por inexplicáveis e assombrosos caminhos. Age enérgica e firmemente no éter, forma pontos de força, agrupa-se em átomos e moléculas, e ama esse todo.

Ora atrai, ora repele, sendo sempre isto duas feições do Seu amor. Positivo e negativo, união e desunião são somente belos sonhos desse Seu amor.

Faz a morte aparecer, e é assim que o torpor surge com a vida. A planta, o animal, o homem, que são Sua vida, fanam-se e morrem.

Ainda o morrer é uma ilusão, porque morrem as formas para ressurgir nelas o Seu amor, que é a vida delas, que até Ela sobe.

E assim as formas se tornam mais aptas e com maiores possibilidades de revelar, mais do que antes, o Seu amor.

Se, porém, não pudéssemos sonhar com Ele, compreenderíamos não só por que Ele ama tão grandiosamente, como, também, por que destrói tão prodigamente, pois o amor deve sempre atingir o objetivo mais elevado.

Ele, o destruidor, é também a forma destruída; destrói para Ele próprio reconstruir em formas mais perfeitas, para amar mais gloriosamente através de cada forma que se sucede.

Cria os homens que se odeiam e injuriam, egoístas e miseráveis, cruéis e guerreiros, que aparecem na vida apenas como estágios do Seu amor revelado. Sonha através de todos os homens; cada um é um sonho diário do Seu Ser, tanto o homem que fere como o que cura: ambos possuem o Seu amor, um em maior escala, outro em menor, pois atrás de ambos Ele está, idealizando o dia em que o amor seja tudo em todos.

Porque do malvado Ele modelará o mártir e o guia, força para resistir e força para salvar; daquele que cura formará o sábio e o artista para retratar aquilo que só Ele pode produzir.

Egoísmo e ganância, ódio e sensualidade, préstimos e renúncias, amor e devoção são apenas estágios em Seus sonhos, em relação ao terno sonho de amor em que Ele vive.

O lírio, a rosa, a margarida, o miosótis e qualquer outra flor que vos agrade: poderemos dizer que uma é mais bela do que a outra? Não são todas elas flores ou frutificação do sonho da planta, quando considerava sobre o seu futuro? O mesmo acontece com os pensamentos concebidos, que são as religiões.

Seja maior ou menor o relicário, contanto que seja o Seu relicário. Sua luz brotará do altar porque *o Único que ama* modela uma religião que não está limitada ao espaço nem ao tempo, a Religião de Sua Beleza. As nossas religiões mundanas não passam de experiências dessa Religião, que um dia há de existir.

De todos os cientistas e artistas, poetas e sonhadores que existiram, quatro foram os maiores precursores desta religião e de Sua Beleza: Platão e Dante, Ruskin e Wagner. Como eles, cada um sentirá o futuro quando a música, a mais elevada das artes, divulgar a harmonia recôndita que é o Estado, a família, o indivíduo e Ele que fez tudo; quando só a pesquisa do Belo for o nosso trabalho e as nossas alegrias e o seu culto se manifestar no asseio de nossas estradas, na graça de nossos utensílios e na beleza de nossas habitações; quando Filosofia e Religião, Ciência e Arte tiverem sua existência no rosto de uma alma bem-aventurada e essa bem-aventurança a dirigir de estrela em estrela; quando através de cada objeto que for belo nós virmos seu

Arquétipo, e, por fim, a Ele, o *Único que ama*, cujos pensamentos são Arquétipos.

Quatro poderosos sonhadores eles são, porém, sonhadores com o *Único que ama*, e sonham ainda com Ele. Feliz aquele mortal que agora pode sonhar com esses quatro, e assim preparar-se para o dia de uma volta em épocas futuras.

Igualmente, a Beleza modelada pela mão humana revela também o Molde das Coisas. O ritmo eloqüente do discurso de um orador, a adorável gema que é o lirismo do poeta ou a apaixonada música que mostra aos homens os caminhos de Deus; a paisagem na tela revelando o universo como Idéia; as cenas do dramaturgo mostrando-nos o universo como descrição do Desejo; o trabalho do escultor afirmando a beleza do movimento ou do repouso, a estrutura do arquiteto que desvenda uma glacial harmonia: cada um é uma janela através da qual nós contemplamos o espírito do Belo.

Uma das admiráveis formas de arte que existe é a música. Ela nos coloca face a face com o *Único que ama*, dissipando véu após véu até que só um véu reste. Nem mesmo o amor removerá esse véu, porque, apesar de música e amor serem uma e a mesma coisa, ainda são diferentes e exprimem a compaixão d'Ele para com os Seus bem-aventurados. Ainda esse último véu restará até que Ele mesmo o ponha de lado, isto só acontecerá quando tivermos aprendido que a Ação faz a vida.

A beleza existe igualmente para os Seus bem-aventurados, as almas nossas companheiras. Conforme amemos, vemos alguma coisa de Sua Beleza, porque é pela Sua Beleza que amamos a criança; é por causa d'Ele que o amigo é querido. Ele e nada mais que Ele nos leva a amá-lo como um jovem ou uma donzela. Três vezes feliz aquele que vê no seu bem-aventurado o *Único que ama,* porque então o fim da partida foi alcançado e a pesquisa terminada. Por fim, ele atingirá a meta e daí em diante a sua vida progredirá em todo o seu brilho. A Beleza que é alegria é a herança de todos, mas é destino de alguns, conforme se amarem uns aos outros como almas e se descobrirem uns aos outros como Deus.

Finalmente há a Beleza do inferno. Como não existe pensamento algum que o *Único que ama* não haja pensado, nem sentimento que Ele não tenha sentido, Ele sofre conosco quando o inferno for a nossa sorte. Se nós soubermos, porém, que Ele está ao nosso lado quando sofremos, sofreremos satisfeitos todas as dores. Não há dor para o Crucificado que o vê consigo na cruz. Mas essa coroa da vida a deve cada um ganhar por si mesmo, para ver o Salvador, mesmo no inferno. E é merecedor aquele que a obtém, porque sabe que Ele está com quem arrosta todos os poderes do inferno para sair vencedor. É necessário que antes de acharmos a Sua Beleza, a nossa alma já esteja cicatrizada, pois Ele imprimirá o Seu sinal em cada cicatriz e fará dela uma cruz, em cujo centro florescerá uma rosa. E o aroma de cada rosa provocará sonhos no coração dos homens. Porque nós sofremos para criar outros belos sonhos.

2 — A descoberta

Todos os homens descobrem o *Único que ama,* a cada passo, tão pequeno como eles o imaginam.

Esta é uma parte do mistério — o Seu modo de amar — e Ele sorri a todos, onde quer que estejam. Mesmo o sábio não O consegue ver onde Ele se acha.

Primeiro O descobrimos na idéia de posse. Em vidas remotas, como selvagem, possuir e manter foi o nosso único pensamento, o nosso único desejo. Recorríamos ao punhal como troféu da nossa valentia. Ao animal ou a outro homem forçávamos a obedecer-nos. Gozávamos na vida porque possuíamos as coisas. Pensávamos muito pouco nos direitos alheios. Esse era o único modo de vida que conhecíamos.

Para dominar era preciso ser possante; contanto que as nossas necessidades fossem providas, pouco nos importava o que aos outros acontecesse. Demais, muito pouco percebíamos que Ele nos assistia a todos. Porque, apesar de possuirmos as coisas, achávamos que essas coisas, misteriosamente, por sua vez, nos possuíam. E quanto mais queríamos possuir, mais fortemente éramos possuídos. Não éramos livres, mas atados, e dessa ligação provinha a dor, quando a vida nos arrancava aquilo que desejávamos reter.

As nossas mais ansiosas sensações de posse nos vinham pela crueldade, pelo egoísmo e pelo orgulho. Ser cruel era vida outrora. Sentir que a nossa vontade era suprema sobre os outros, e vê-los todos esmagados quando se nos opunham, nisso consistia a vida.

Mas também nos faziam sofrer continuamente. Porque, embora obrigássemos outros a nos obedecer, não podíamos destruir a sua vontade. Essa vontade era nossa somente durante o tempo em que o nosso jugo se fazia sentir sobre ela. Havia uma misteriosa vontade própria que, apesar de renegada por muitas vezes, ainda mantinha a liberdade de renegar também por sua vez. E nós estávamos atados aos nossos escravos.

Não éramos livres para caminhar. Contrariavam-nos os nossos pensamentos, porque os sentíamos livres para prosseguir por caminhos que desaprovávamos. Queríamos, e logo outro pensamento, noite e dia, desafiava a nossa vontade. Era o *Único que ama* que nos protegia, desafiando-nos sempre.

Igualmente pelo orgulho nos veio um veemente desejo de vida; desejo do corpo de multiplicar as suas necessidades. Procurar sensações com o intuito egoístico, através destas coisas, constituía outrora a vida para nós; isso, porém, só nos acarretava dores para a existência. Porque para satisfazer o apetite era necessário alimentar um violento desejo, e mesmo quando todos os meios de satisfação estavam em nosso poder, o cru egoísmo não satisfazia, porém transformava-se em desejo e este nos impelia para a frente. Além disso, jamais conseguíamos possuir o objeto de nosso desejo: para possuí-lo era necessário achá-lo, pois aquilo que nós possuíamos era sombra e substância, e a substância semelhante a um fogo-fátuo nos impelia sempre.

Do egoísmo ao desejo, de desejo ao amor, do amor ao Inatingível, assim a vida impele os homens avante; porém é o *Único que ama* quem move tudo invisivelmente.

Enfim, o orgulho fez-nos viver outrora de vários modos. Sentir que encarnávamos uma qualidade alheia aos outros, que o nosso julgamento era mais completo e verdadeiro, que em nós residia nobreza e força, que conhecíamos um segredo, apesar de desconhecido por outros, tais sentimentos e pensamentos nos davam uma viva sensação de vida, porque vivíamos uma vida diferente da vida comum da multidão.

Ainda tempos houve em que nos sentíamos alheios à humilhação. Entretanto, a vida recusava conhecer o nosso mérito; a mão da fatalidade estava contra nós, e só a injustiça era a nossa recompensa, e através de tudo, alguma coisa insistia em fazer-nos orgulhosos ou desiludidos, em lugar de verdadeiros como devíamos ser.

Um Orgulho maior chocava o nosso orgulho; um Julgamento maior se antepunha ao nosso, e uma Vontade maior nos fazia voltar para as planícies e desertos da vida que nós desprezávamos. Esse Orgulho maior e essa Vontade maior eram do *Único que ama*. Assim o *Único que ama* nos ensina e descobri-lo através de Suas dádivas.

Ao nosso inferior, ao animal que nos serve, se lhe prestássemos uma bondosa e pequena atenção, veríamos que a sua carga não era maior que a sua força para suportá-la. Talvez então não pensássemos somente no máximo que nos podia dar com os seus serviços, mas também em lhe dar mais do que o mero alimento e água, em recompensa. Não sabíamos que quando sobre um ato justo alguma coisa adicionamos mais do que os nossos deveres pedem, o *Único que ama* espalha um raio de Seu Amor e adiciona também ao bondoso ato alguma coisa que antes não existia.

Ao nosso igual, pai, marido ou mulher, ou filho ou inimigo, aprendemos pouco a pouco a dar; em vidas anteriores demos de má vontade, e mais tarde, porque nos proporcionava alegria. Não aquilo que guardamos, mas o que distribuímos, torna-se dominante na harmonia de nossas vidas. Por outro lado, porém, sabemos que, quanto menos cuidamos de nós mesmos e mais pensamos nas necessidades alheias, tanto mais o *Único que ama* sonha através de nós os Seus sonhos de perfeito Amor.

Assim ao nosso superior, à alma maior que nos ajuda em nosso caminho ascendente, em que saudamos aquilo que esperamos ser, damos lealmente até a morte, sentindo que, tão intensamente como aguardamos a fé que nos deu, perder a própria vida não implica perder a maior coisa que a vida nos dá. Por pouco que possamos conhecê-la, essa coisa grandiosa é o conhecimento do *Único que ama*, o único Guia de todos os homens.

Por fim, desistindo de tudo, damos tudo ao Altíssimo. Pode uma alma chamá-Lo Cristo ou Krishna, Senhor ou Deus; para outra pode ser seu Guru-Deva, seu Pai, seu Deus, e para outra pode Ele ser um Bem-Amado, que para tudo que sempre foi, é e será da vida, é tanto a luz como a glória. E é só ao *Único que ama* que todos fazem oferenda, porque só há, afinal, uma Pessoa que pode distribuir graças a cada um e a todos.

D'Ele viemos, a Ele voltaremos. Ele nos impele para diante e nos faz voltar a Ele. E vede: assim como, dando nós tudo a Ele e perdendo, por isso, a nós mesmos, chegamos a saber que é esse o viver verdadeiro

3 — O caminho rápido

Todos os homens, qualquer que seja a sua crença, voltam ao *Único que ama*, de quem eles vieram. Mas a sua jornada de volta pode ser rápida ou vagarosa. Será motivo de alegria para mim ensinar-lhes o caminho mais rápido. E lhes ensinaremos que, conforme aplicarem a pedra de toque do Amor ao seu modo de ser e agir, a jornada será rápida e de êxito sempre crescente.

Eis o que devemos dizer aos homens de ação: Regozijai-vos de vossa força, porém sabei que essa força se torna vossa somente enquanto a realizais, pois ela não é vossa e sim do próximo. Enquanto pensardes "eu sou forte", continuareis a ser fracos, apesar de menos fracos do que aqueles que obedecem à vossa vontade. Somente quando disserdes a vós mesmos: "essa força me é dada; eu não sou senão o seu depositário", então criareis uma força real.

Há apenas Um que é forte; só Ele tem a sabedoria para usar bem a força, e quer que vós sejais fortes com a Sua força. Formou através dos tempos uma herança em cuja posse tereis de entrar um dia.

Entrareis na posse desta herança, não para vós, porém tão-só para usá-la ensinando vossos semelhantes a serem fortes; fortes no padecer, fortes para arrostar e fortes para amar. E vós que sois fortes, sede fortes no amor do bem, abri vosso coração ao Senhor, que é Aquele que ama sem limitações.

Assim entendereis por que os homens sofrem e caem. E esse entendimento vos dará sabedoria para usardes vossa força, que, com a sua ação eficaz, jamais poderia lacerar e ofender, mas só curar e abençoar. A vossa vontade será fonte de dores para os outros, desde que o tomeis como sendo vossa. Fazei a vontade de vosso Chefe, o *Único que ama*, e vos tornareis uma espada em Sua mão, para proteger e salvar.

Aos homens de sonhos de amor, eis o que diremos: Vós caminhareis tão rapidamente quanto for vossa presteza em oferecer aquilo que o amor vos outorgou. Amai vosso filho, porém não para em troca receber dele prazer, e sim para lhe oferecer uma preciosa jóia a vós dada para seu adorno. Amai vosso amigo, mas fazei de vosso amor uma poderosa oferenda, nada pedindo, senão oferecendo, oferecendo, oferecendo.

E por intenção do Amor, vós que reconheceis o Seu poder transformador, deveis trabalhar nos jardins da humanidade, limpando-lhes os caminhos, aplanando todas as estradas com pensamentos e palavras feitos de amor.

Vós que amais, sois os mensageiros do Salvador, e segundo amais os vossos semelhantes, por amor deles e d'Ele, dia a dia Ele vos dará maior parte de Sua mensagem. Assim descobrimos novas glórias para amar e honrareis o vosso amor no objeto amado. Assim tornareis a vida uma maravilha sempre crescente para vós, por causa daquilo que descobrireis a cada hora em vossa capacidade de amar.

E nós ensinaremos àqueles que procuram conhecer como alegrar-se com a força de sua inteligência. Ensinar-lhes-emos que existe um Espírito que pensa através de todas as coisas, agrega pensamentos e contrai uma filosofia de vida e ação, que se reflete nas leis da natureza. Porque não existe na natureza lei grande ou pequena; cada uma é um centro do círculo do presente e do futuro.

E é possível até que o espírito que busca saber gele como o sopro de vento frígido, se pensar apenas como um ser separado e não como uma personificação do Pensamento, que é tudo. Assim guiaremos todos os pensadores na trilha que conduz a Ele, que é o único a pensar direito, porque só Ele vê tudo.

O amor deve ser a Luz que ilumina todos os nossos semelhantes. E nenhum cientista ou filósofo descobrirá jamais um fato, sem que nós o guiemos na alegria de que o conhecimento do fato diminuirá o sofrimento dos homens e contribuirá para a sua felicidade. Assim como os raios solares espalham calor e conforto sobre tudo que vive, os grandes intelectuais, os poderosos pensadores impregnarão as ações dos homens com o conhecimento da Lei, que é tudo em tudo. Porque a Lei da natureza, em toda a parte, é o puro e perfeito amor, pois Lei é aquilo que pensa o *Único que ama*.

4 — O amor que é força

Existe um poder que se transforma em força: é o amor. Sob várias formas cresce no coração dos homens, e em cada aspecto manifesta a força; força que faz mudar a crueldade em sacrifício, a devassidão, o orgulho em devoção. Isto tudo o amor produz.

Esta é a primeira verdade que vós e eu ensinaremos em Seu nome.

II

A BELEZA QUE É ALEGRIA

1 — A vereda da beleza

Ah! Por que existe tão pouca alegria na vida, se o *Único que ama,* ama ao Seu bem-aventurado? Eu não sei; apenas sei que Ele ama e que se O procurarmos O encontraremos e partilharemos de Sua alegria.

Se O procurarmos... Tudo se baseia em Sua procura. O que vós e eu devemos dizer aos nossos semelhantes, é como nós O encontraremos. Nós encontraremos Sua alegria em toda a parte onde vemos o belo e damos o melhor de nosso coração em Sua adoração. Nada existe em parte alguma onde não vejamos o belo, nem na terra, nem no céu, nem no inferno.

Deixai-nos olhar para trás e dizer o que vimos. Primeiro, na natureza inanimada. O turbilhão dos elétrons no átomo, o agrupamento dos átomos nas moléculas, das moléculas nos elementos, dos elementos nos cristais, em toda a parte num ritmo de linhas retas ou curvas. Vede a beleza do pequeno cristal de neve, como patenteia um tênue, porém perfeito pensamento de Deus. Olhai para essas piritas e vede como são formadas com faces que são triângulos, quadrados e pentágonos. Como pode cada cristal guardar sua forma, embora participe seu corpo de vários cristais semelhantes?

Olhai para essa formação cristalina, por meio de um microscópio. Observai a solução quando esfria. Que esplêndido arco-íris de frondes rendilhadas e de avencas!

Beleza que é alegria, certamente aí existe de fato, para todo aquele que a procure no átomo, no elemento, na solução e na pedra. E quem acha beleza nestas coisas, acha-a somente porque reconheceu nelas o sorriso do *Único que ama*. Porque toda beleza é a Sua própria beleza, e quando vemos a Sua imagem, o nosso coração estremece de alegria.

Olhai agora estas coisas minúsculas vivendo sob novos aspectos, não notados nos átomos nem no cristal. São diatômicas, pequenos animálculos vivendo na água. Não podeis imaginar o Modelador que as delineou, e o prazer que experimentamos ao sentir que essas pequeninas formas são belas! Porque Ele não só as imaginou, mas também observa a Sua obra e planeja ainda mais lindas formas, para as criar em idades futuras.

Eis por que os amantes da natureza devem ser idealistas, pois quanto mais verdadeiramente amarem a natureza, tanto mais sentirão o plano traçado por Ele do que virá a ser um dia essa natureza. E a beleza do prado, do campo, do arbusto, da árvore, quem é leal, puro e ama, não sente de algum modo que Ele está em todas essas coisas? Sim! E a beleza também dessa grande pedra, que parece tão rude e inóspita, não sentis, igualmente, como ela parece na cena com uma atitude de calma e poderosa proteção a todas as coisas que a rodeiam? A beleza do mar, nosso mar eternamente nosso, nos força a que permaneçamos mudos diante dele. Porque eu penso que o mar é o Seu espelho, como nenhum outro aspecto da natureza.

O pôr-do-sol é uma porta aberta, e Ele de longe diz: "Vinde! aqui está o desejo do coração". As montanhas são como suas sentinelas, sempre prontas para saudar, e olhando-as, a nossa contemplação se volta para Ele e vemos a paz em Sua majestosa face.

O pântano, a colina, o vale, a vasta extensão dos campos, das matas, dos prados e dos rios, a beleza aí existe como um sorriso na face do bem-aventurado que sonha felizes sonhos.

Mas a beleza do mar, do nosso mar, ah! essa é a beleza da força, a Beleza da alegria e a Beleza do ódio. Sua mão fere, mas só a beijamos; Sua mão abençoa e nós acudimos à sua bênção e sonhamos com Ele. Essas e outras coisas estão na beleza do mar, o confortador e amigo, porque o mar compreende.

Que necessidade temos de falar a outrem das belezas dos pássaros e das feras, dos habitantes da água, da terra e do mar? Aqui está tudo o que procuramos. Amai, e vereis o Belo; sede puros e sentireis o Seu poder; sede verdadeiros e sabereis como usar o poder que é a Lei, e as profecias da Beleza, que são a Alegria.

Há também a beleza que é visível só ao espírito, a beleza dos pensamentos de si e de seus veículos. Que estrutura mais poderosa, mais austera no seu esplendor, do que a do Hinduísmo com os seus ensinamentos d'Aquele — o manifestado em tudo, que nenhum olhar ou ouvido pode ver ou ouvir, nem a mente mortal pode conceber?

Prudente, sereno, inalterável; ainda mais: cordial, ativo e movendo todas as coisas; Realidade, Inteligência, Felicidade; o Espectador que cria, Ele próprio, o espetáculo; Vida que não vive; Nada, donde tudo provém... Que esplêndida filosofia nos dá o Hinduísmo!

A Lei Eterna que faz e desfaz, imutável, nos mundos visíveis e invisíveis; Lei que é Amor e Sabedoria, Justiça, Paz e Alegria; isto, que é tão belo, constitui a essência do Budismo. Que pensamento mais grandioso do que o de ser livre cada alma, e de poder ela obter sua salvação por seus próprios esforços, e poder também vir a ser, se assim o desejar, um Salvador do mundo de futuras raças?

Que de mais inspirador que o ensinamento de Zoroastro, pelo qual o maior contentamento humano provém de se sentir o homem um soldado de Deus, batalhando com as armas dos Pensamentos, Palavras e Atos Divinos? Ou mais poderoso para dar força a uma alma do que o ensinamento de Maomé, segundo o qual, seja para quem for, Deus dá felicidade ou desgraças, não podendo o homem analisar ou discutir, porém apenas baixar a cabeça e dizer: "Islam, seja feita a tua vontade"?

Certamente não existe mais belo e simples credo que o de Confúcio, que diz a todos os homens que, independentemente de nascimento, cada um pode tornar-se um Homem Superior por seus próprios esforços, em poesia, ética, música, e assim ser o homem forte e sábio, apto para qualquer ocupação que as circunstâncias exigirem dele.

E que beleza é mais querida do que aquela que o Cristo ensinou e segundo a qual, amando a Deus, o homem deve amar o próximo como a si mesmo, e enquanto assim age, o Único permanece de braços abertos, dizendo a Seus filhos: "Vinde a Mim todos vós que trabalhais e estais sobrecarregados, que Eu vos darei alívio"?

2 — A beleza que é alegria

Há um poder que renova todas as coisas: é a Beleza que é Alegria.

Amai e vereis o Belo; cultivai a Beleza e sereis um com Ele; servi e sereis unidos com Ele, para a salvação de vossos semelhantes.

Esta é a segunda verdade que nós e eu ensinaremos em nome d'Ele.

III

A AÇÃO QUE É VIDA

1 — Imanência e Transcendência

A vida das almas no tempo é uma série de descobertas de quem seja o *Único que ama* e do que seja Ele.

A descoberta prossegue passo a passo através do desejo, pensamento, intuição e do poder do espírito. E tudo o que os homens têm idealizado ou feito é uma narração do que descobriram.

Por dois caminhos descobrem os homens o *Único que ama*: um mais rápido e outro mais lento. Porque Ele existe com uma dupla natureza, tal como a Imanência e a Transcendência. Ele é tudo que vemos, ouvimos, tocamos, cheiramos, provamos, pensamos e sentimos, e ao mesmo tempo nada disso Ele é. Eis o mistério de Sua Natureza: Ele é o universo e é ainda mais do que o próprio universo.

Como Transcendência, Ele é força acima do pensamento, beleza acima da realização, bem-aventurança acima dos sonhos, uma cintilante luz que não tem sombra nem centro. Ainda é essa luz, alegria indescritível, êxtase irreprimível, e a alma que a experimentou uma vez, apesar de esquecer todas as outras coisas, nunca esquecerá essa experiência. Porque sentir essa Luz não é o maior sonho da vida, porém a própria vida.

Essa Transcendência se oculta a si própria e se transforma em Imanência, e um universo aparece; e daí surgem a força e a matéria, a vida e a forma, a consciência e a revelação, e todas as miríades de formas a que chamamos vida.

Ainda é o *Único que ama* infinito quanto à Sua criação, ilimitado quanto ao Seu limite, porque, apesar de imanente em todas as coisas, Ele é a floresta e a montanha, a cachoeira e o terremoto, a criança e o velho, o pecador e o santo. Forçando sempre a revelação de Seu plano, com a vida e a morte como ministros, o gozo e a dor como Suas mãos direita e esquerda, ainda é Ele ao mesmo tempo radiante Amor que ama Seus bem-aventurados, potente sabedoria para servir e exultante Poder que só tem por objetivo servir. O Todo para Ele é isto: a criação; e Ele também é o incriado, pois a Imanência é a sombra, enquanto que a Transcendência é a Luz.

O *Único que ama* vive na Imanência enquanto está executando um Sacrifício. Porque ser imanente numa criação, através do que Ele próprio planejou e executou, é como que se pôr um véu entre Si mesmo e o Seu bem-aventurado. Também cria Ele um Cosmos, de modo que as almas não possam conhecê-Lo tal qual Ele é, enquanto não O tiverem conhecido tal qual Ele não é. E assim é toda a criação um perpétuo sacrifício, que o *Único que ama* faz aos Seus bem-aventurados, tornando-se o que Ele não é, para que possamos aprender a Conhecê-Lo como Ele é.

131

Tornando-se a Imanência, Ele vela a Sua Luz e aparecem os sonhos. A força torna-se matéria, a vida cria a forma, o mineral dá nascimento à planta e a planta a pássaros e animais. Só com a vinda dos homens começam a desaparecer as sombras, porque o homem é em si próprio a Luz, e como ela cria as sombras, dissipa-as uma a uma. Cada véu é removido um após outro, e a alma que é o selvagem torna-se o homem civilizado, e logo mais o idealista, e por fim o Salvador. Fora da Imanência, Ele torna à Transcendência donde veio.

Mas até que a alma volte, até que todas as almas voltem a Ele, o *Único que ama* age com o Seu Sacrifício, num perpétuo sacrifício de Si mesmo, que torna possível que este universo sonhado exista, de maneira que nós, Seus bem-aventurados, possamos conhecer alguma coisa d'Ele em sonho, antes de O conhecermos na realidade. Tanto quanto um homem desconhece o Seu sacrifício, tanto mais ele se agita como uma sombra entre sombras. Mas como conhece o Amor que é força, a beleza que é alegria, descobre quem é o *Único que ama*, e qual é o Seu perpétuo Sacrifício.

Desde então nasce no coração do homem o desejo de sacrifício. Tal desejo pode ter nascido no seu coração quando ainda selvagem, ou somente mais tarde, quando cresce em força de coração e de espírito. Mas aparece inevitavelmente, mais cedo ou mais tarde, no coração de cada homem.

Desde então existe para ele uma única satisfação na vida, que é sacrificar-se pelo mundo e fazer que os outros possam conseguir o futuro que ele ambiciona para si.

É esse o plano do *Único que ama*, para que todas as almas possam conhecê-Lo através do Sacrifício; e alma sábia é aquela que, pesquisando, cedo compreendeu que deve sacrificar-se.

2 — Sacrifício

O universo é uma expressão do ardente Desejo que o *Único que ama* almeja para os seus bem-aventurados.

Ainda que a união só possa vir depois do sacrifício, o Grande Sacrificador deve esperar até que os Seus bem-aventurados se sacrifiquem também. Ele planejou Seu Sacrifício para que os Seus bem-aventurados possam imitá-Lo.

Entre o começo do Grande Sacrifício e o momento da chegada do bem-aventurado, passaram-se milhões de anos. A consciência oculta-se com o véu da força, e a força, com a da matéria; esta se transforma em mundos, forma habitantes para os mundos e passo a passo prossegue o sacrifício. Todas as coisas evoluem muito lentamente, de homogêneas em heterogêneas, de indefinidas em definidas, de simples em complexas; e passo a passo, o grande ritual do Seu Sacrifício é executado.

Com o advento do homem e com o trabalho das jovens almas humanas, começa a participação do homem no Grande Sacrifício. Então o *Único que ama* revela o Seu plano de progresso pela Sua própria ação. Ele planeja para cada alma uma ação sucessivamente progressiva, e a selvageria se transforma em civilização à proporção que os homens executam o trabalho, consoante o Seu plano, e vida após vida atuam sob Sua direção.

Foi Ele quem ideou para os homens seus comércios e profissões, suas artes e ofícios, suas ciências e filosofias. Pois é Ele o comerciante ou o profissional, o artista ou o artífice, e cientista ou o filósofo; todas as Suas atividades são partes do Seu Grande Sacrifício, e Ele trabalha nelas e para elas. Resta só ao indivíduo ver como Ele vê, e logo o indivíduo começa o seu sacrifício.

Chega o momento em que o homem que trabalha em dada ocupação pensa no trabalho dos demais na mesma ocupação, e por isso sente que Ele é deles. Daí em diante não pode absolutamente ficar só, absorvido apenas na sua própria felicidade ou infelicidade. É levado a pensar no bem-estar de um círculo do qual ele é apenas um segmento. Agora ele está apto a compreender o Ritual do Sacrifício.

Cada ação do homem constitui um sacrifício, quando pensa que os outros estão fazendo as mesmas ações e agem, não para si próprios somente, mas para todos. É o selvagem indo guerrear as tribos dos seus inimigos? Então a sua ação é sacrifício, se mata ou morre em intenção de todos os guerreiros de sua tribo. É o poeta que modela num poema as experiências do seu coração? Então o poema se torna um sacrifício, e é criado em favor de todos aqueles que têm conhecido semelhantes dores e alegrias. Deixai, porém, o indivíduo desempenhar o papel de mediador traduzindo as esperanças e sonhos da totalidade da sua espécie, e agir como se fosse para ele. Então ele é um sacerdote oficiante num sacrifício ritual, onde cada ação sua é um sacrifício.

Não há ninguém que não possa sacrificar-se.

A criança que aprendeu a divertir-se fora de seu próprio inocente *gozo* é um verdadeiro apóstolo da juventude, exercendo o papel de criança divina nos brinquedos. O criado que varre um quarto exerce, por sua ação, um sacrifício, e faz o papel do Criado superior a todos, se varre como se fora para outros criados que também varrem quartos.

Pouco importa ao *Único que ama* que o quarto seja limpo na conformidade de Suas Leis ou de outro modo, desde que seja limpo em parte ou em seu todo. Porque todos os homens se associam ao Seu Sacrifício; aqueles que n'Ele acreditam e aqueles que n'Ele não acreditam, conforme cada um, esquecem o segmento do seu círculo, pensam na magnitude do conjunto e trabalham para o todo.

Assim planejou o *Único que ama* para que todos se sacrifiquem. "Como se fosse para todos" é a fórmula de consagração, e aqueles que podem assim se sacrificar erguem-se acima da ação e da reação, acima do bem e do mal. Porque é o Sacrifício que nos ergue da Imanência para a Transcendência onde o *Único que ama* está, e vê-Lo sem um véu é penetrar na Sua eterna Alegria.

Então é o *Único que ama* quem se une ao Seu bem-aventurado; mar encontrando o mar, sol juntando-se ao sol. Um Único sem segundo.

3 — A ação que é vida

Existe um poder que unifica tudo: é o sacrifício. Pela ação que é sacrifício, vem a vida de amor que é força, e de beleza que é alegria.

Esta é a senda para todos trilharem, que o *Único que ama* criou para os Seus bem-aventurados.

É esta a terceira verdade que vós e eu ensinaremos em Seu nome